国家现代职业教育改革创新示范区建设成果
THE CONSTRUCTION ACHIEVEMENTS OF NATIONAL MODERN VOCATIONAL EDUCATION REFORM AND INNOVATION DEMONSTRATION AERA
国家职业教育质量发展研究中心研发成果
THE R & D ACHIEVEMENTS OF NATIONAL VOCATIONAL EDUCATION QUALITY DEVELOPMENT RESEARCH CENTER

鲁班工坊

Luban Workshop

吕景泉 主 编
杨 延 杨荣敏 狄建明 于兰平 副主编

中国铁道出版社
CHINA RAILWAY PUBLISHING HOUSE

内 容 简 介

本书记录了国家现代职业教育改革创新示范区建设成果，创新型职业教育国际化服务项目——鲁班工坊的缘起与发展，梳理出从首个泰国鲁班工坊的创立到英国、印度、印度尼西亚和巴基斯坦鲁班工坊的相继建成，形成巨大国际影响力，再到如今被列入国家发展战略，成为国家中外人文交流国际知名品牌的建设历程，明确了鲁班工坊的发展定位、建设原则、核心内涵、监管制度以及发展规划，是鲁班工坊建设重要的理论依据与实践指导。

图书在版编目（CIP）数据

鲁班工坊/吕景泉主编. —北京：中国铁道出版社，2018.10（2018.11重印）
国家现代职业教育改革创新示范区建设成果　国家职业教育质量发展研究中心研发成果
ISBN 978-7-113-24767-6

Ⅰ.①鲁… Ⅱ.①吕… Ⅲ.①职业教育-研究-中国
Ⅳ.①G719.2

中国版本图书馆CIP数据核字（2018）第219979号

书　　名：**鲁班工坊**
作　　者：吕景泉　主编

策　　划：秦绪好　　　　**读者热线**：（010）63550836
责任编辑：何红艳　祁　云
封面设计：刘　颖
责任校对：张玉华
责任印制：郭向伟

出版发行：中国铁道出版社（100054，北京市西城区右安门西街8号）
网　　址：http://www.tdpress.com/51eds/
印　　刷：中煤（北京）印务有限公司
版　　次：2018年10月第1版　　2018年11第2次印刷
开　　本：787 mm×1 092 mm　1/16　**印张**：12.75　**字数**：219千
印　　数：2 001～7 000册
书　　号：ISBN 978-7-113-24767-6
定　　价：48.00元

助中国职教走向世界
让世界领略中国技术

2000 多年前，我们的先辈筚路蓝缕，穿越草原沙漠，开辟出联通亚欧非的陆上丝绸之路；我们的先辈扬帆远航，穿越惊涛骇浪，闯荡出连接东西方的海上丝绸之路。

——习近平在“一带一路”国际合作高峰论坛开幕式上的演讲，2017 年 5 月 14 日

在非洲设立 10 个鲁班工坊，向非洲青年提供职业技能培训。

——习近平在 2018 年中非合作论坛北京峰会开幕式上的主旨讲话，2018 年 9 月 3 日

Over 2,000 years ago, our ancestors, trekking across vast steppes and deserts, opened the transcontinental passage connecting Asia, Europe and Africa, known today as the Silk Road. Our ancestors, navigating rough seas, created sea routes linking the East with the West, namely, the maritime Silk Road.

—Xi Jinping's speech at the opening ceremony of the Belt and Road Summit for International Cooperation, May 14, 2017

Ten Luban Workshops will be set up in Africa to provide vocational skills training to African youth.

—Xi jinping's keynote speech at the opening ceremony of the Forum on China-Africa Cooperation Beijing Summit 2018, September 3, 2018

主　编：吕景泉

副主编：杨　延　　杨荣敏　　狄建明　　于兰平

参　编：刘恩丽　　戴裕崴　　张维津　　刘　萍

褚建伟　　于忠武　　米　靖　　张雯婧

李　力　　张　峰　　申　奕　　李云梅

刘彦洁　　刘俊仁　　冷珊珊　　黎志东

引言

天津市历经国家职业教育改革创新试验区、示范区和示范区“升级版”建设，承担着为我国职业教育发展探索新路径新模式的重任，国际化是重要的任务之一。

2010年在“国家职业教育改革创新示范区”协议中，明确提出要扩大国际交流与合作，拓展高水平的合作项目，提升职业教育对外援助的国际影响力。2015年教育部与天津市人民政府共同签署的共建“国家现代职业教育改革创新示范区”协议，将提高职业教育国际合作水平，创建国际化合作的新窗口列入其中。

为此，天津市不断创新国际合作交流的思路，拓宽对外交往的渠道和领域，搭建职业教育国际合作平台，与德国、美国、英国等20余个国家或地区开展多层次、多类型、宽领域的职业教育交流与合作，国际化能力与水平不断提升。

经过多年的建设，目前天津市职业教育的国际化发展已经走过了单纯借鉴引进、学习了解国外职业教育理念和教学经验模式的初级阶段，步入了从低水平国际交流与合作迈向高水平国际交流与合作的发展阶段，国际优质职业教育资源的输入和以天津代表的中国优质职业教育资源的输出并举成为这一发展阶段的基本特征。

“鲁班工坊”是天津市职业教育国际化发展的重大成果，是在天津市委市政府领导下，市教委带领广大职业院校深入贯彻落实习近平总书记关于职业教育的重要指示精神，依据“国家现代职业教育创新改革示范区”建设协议，在教育部职业教育与成人教育司王继平同志指导下，探索优质职业教育走出去，服务国家“一带一路”建设，配合国际产能合作，培养当地合作国家熟悉中国技术、了解中国工艺、认知中国产品的技术技能人才的一种创新型职业教育国际化服务项目。

“鲁班工坊”的建设秉持平等合作、开放包容、互学互鉴、互利共赢的精神，坚持共研、共建、共享、共用、共赢的“五共”机制，创设平等合作、因地制宜、优质优先、强能重技、产教融合的“五项”基本原则。其核心内涵是以鲁班的“大国工匠”形象为依托，以国际化专业教学标准为依据，以工程实践创新项目为教学模式，以国赛教学装备为基础，以立体化教学资源为内容，以标准化师资培养培训为根本，以规范化过程监管、结果评价为引领，构建出的职业教育中国标准、中国模式、中国装备、中国方案整体输出，开展学历教育与技术培训的国际合作新模式。

首个鲁班工坊创立至今已近三年，在这三年的时间里，鲁班工坊已经发展成为中国对外人文交流的国际知名品牌、中国“一带一路”的能力建设重要项目，不仅得到了中国政府的大力支持与肯定，而且得到海外国家的广泛认可，国务院副总理孙春兰认为借助鲁班工坊这一载体将中国的职业技术传播到国外，服务国家“一带一路”倡议，值得充分肯定；原国务院副总理刘延东提出鲁班工坊是中国对外人文交流机制的重要组成部分。本人和天津渤海职业技术学院被泰国政府授予“诗琳通公主纪念奖章”，“鲁班工坊”的建设被人民日报、光明日报、中国教育报、天津日报以及泰国、英国、印度、印度尼西亚、巴基斯坦等中外媒体重点报道。

2016年，天津市政府《关于加快发展现代职业教育的意见》中明确提出鼓励有条件的学校积极拓展海外职业教育市场，在境外建设鲁班工坊。2017年，“鲁班工坊”被中办、国办列为具有中国特色、国际影响的人文交流品牌。2018年，天津市政府办公厅发布关于推进天津市职业院校在海外设立“鲁班工坊”的试点方案。

2018年9月3日，在中非合作论坛北京峰会上，习近平总书记提出“八项行动计划”，将在非洲设立10个“鲁班工坊”，向非洲青年提供职业技术培训。

大道致远，海纳百川。

中国“鲁班工坊”，是世界的“鲁班工坊”。

吕景泉

2018年9月5日

目录

第一部分

鲁班工坊——
职教国际合作知名品牌

鲁班工坊——服务“一带一路”职业教育的新作为[1]

吕景泉

“鲁班工坊”是天津市教育委员会（以下简称天津市教委）贯彻落实习近平总书记关于职业教育的重要指示精神，依据“国家现代职业教育改革创新示范区”建设协议，在教育部职业教育与成人教育司（以下简称教育部职成司）王继平同志指导下，探索优质职业教育走出去，服务国家“一带一路”，配合国际产能合作，培养当地合作国家熟悉中国技术、了解中国工艺、认知中国产品的技术技能人才，是一种创新型职业教育国际化服务项目。

鲁班工坊创立之初就得到了时任国务院副总理刘延东和教育部领导、天津市委市政府的大力支持和肯定。

2016 年 12 月 2 日，在北京召开“推进职业教育现代化座谈会”，刘延东副总理对国家现代职教示范区，在境外建设首个“鲁班工坊”给予肯定。2017 年 5 月 8 日，刘延东副总理在天津参加全国职业院校技能大赛开赛式，接见泰国鲁班工坊建设项目的两国院校长，并提出“鲁班工坊”是中国对外人文交流机制的组成部分。

2016 年 12 月 12 日，陈宝生部长在福州召开“现代职业教育发展推进会”上提出国家社会不仅需要爱因斯坦，还需要爱迪生，我们有孔子，我们还需要鲁班。

一、鲁班工坊的缘起

2015 年 7 月，在刘延东副总理见证下，教育部与天津市人民政府共同签署共建“国家现代职业教育改革创新示范区”协议，围绕国家“一带一路”建设，确立了示范区建设任务之一是提高职业教育国际化水平，创建职业教育国际化新窗口。鲁班工坊国际化项目便是在此背景下产生的。

2015 年 9 月，在教育部职成司指导下，天津市教委正式启动在海外设立“鲁班工坊”前期研究和方案设计工作，市教委直接领导，成立由高职院校、市教育科学研究院和市职教中心等科研力量组成的研究团队，出台鲁班工坊实施方案，明确了

1 该文摘编自《天津职业院校联合学报》，2018 年第 1 期。

鲁班工坊发展定位、主要任务、建设原则和保障措施。

2016 年 3 月 8 日，中国第一个境外“鲁班工坊”在泰国大城技术学院正式落成启运。

二、鲁班工坊的内涵

（一）发展定位

鲁班是中国 2500 年前的工匠、发明家，已成为古代劳动人民勤劳、智慧的象征，是中国古代技能大师的代表。

鲁班工坊将天津作为现代职教示范区的优秀职业技术和教学成果，采取学历教育与职业培训的方式输出国门与世界分享，搭建起中国职业教育与世界合作交流的实体桥梁。

鲁班工坊紧紧围绕所在国家的产业和我国“一带一路”建设对接需求，以天津“国家现代职业教育改革创新示范区”优质资源为支撑，以建立院校合作基础上的技术技能人才培养项目机构为载体，以天津研发的国际化专业教学标准为依据，以工程实践创新项目为教学模式，将中国优质职业教育和中国优质产品技术向合作国输出，培养当地熟悉中国技术、产品、标准的技术技能人才。

（二）建设原则

鲁班工坊建设秉持平等合作、开放包容、互学互鉴、互利共赢的精神，坚持共研、共建、共享、共用、共赢的“五共”机制，其建设原则包括：

平等合作原则。基于合作方对于中国职业教育和技术装备、专业标准认同，双方平等合作，共同商讨合作方式、项目实施与专业建设。

因地制宜原则。根据不同国家的政治、经济、社会环境以及技术技能水平，在统一标准框架下，充分考虑合作方的诉求，建设国别特点鲜明的“鲁班工坊”。

优质优先原则。优先选择国际化水平较高的优质专业、优质课程、优质教师、优质资源和通用性技术技能率先输出，保障“鲁班工坊”的教育质量和品牌。

强能重技原则。在遴选优质技术装备基础上，强化国赛“装备”输出，强化中国职业院校技能大赛与当地院校合作，强化中国职业教育理念模式认同基础上的相互借鉴，为所在国家培养急需的技术技能人才。

产教融合原则。发挥天津职业教育行业办学优势，实施产业、行业、企业、职业、专业的“五业联动”，发挥政、行、企、校、研的“五方携手”，凝聚合力，高标准、品牌化实施项目。

（三）教育模式

依托天津职业院校国际化专业教学标准和国家级教学成果奖成果经验（工程实践创新项目教学模式）进行设计，天津职业院校对外方教师进行团队化项目集训，境外鲁班工坊主体由合作国家院校按照中国标准和要求组织实施，采用中国现代职教理念，突出天津职教校企合作、国际合作内涵性成果运用，呈现“互联网+”职业教育的远程教学实践，致力于培养当地学生的专业职业能力、综合实践能力和创意创新能力。

三、鲁班工坊的模式

鲁班工坊任务是要服务“一带一路”，服务国际产能合作和中国企业走出去，培养高素质的国际化技术技能人才，同时，分享中国职业教育成果和中国特色职教办学模式。鲁班工坊的建设模式主要有：

（一）依托职业院校校际间国际合作创办“鲁班工坊”

在天津职业院校对外国际合作办学、合作交流的基础上，在海外遴选优质合作院校创建鲁班工坊。首个泰国鲁班工坊采用此种模式。

（二）配合中国企业和产品走出去战略创设“鲁班工坊”

与承揽海外大型工程的企业或国（境）外办厂、收购的企业合作，在国（境）外的适宜职业院校和机构创建鲁班工坊，致力培养本土化的技术技能人才，满足国（境）外企业发展的需要。印度鲁班工坊建设就是伴随国有大型企业走出去的，在设立之初就实现国际背景下产教融合，与五家印度的中资企业同时签署职业教育订单培养协议。

（三）依托政府间的战略合作创建“鲁班工坊”

“鲁班工坊”建设纳入国家外交和政府间合作的战略规划，充分发挥其作为人文交流机制的重要作用，通过政府间的战略合作和政策来创建“鲁班工坊”。2018 年，筹划建设“澜湄合作”框架下的柬埔寨职业教育项目属于此列。

四、鲁班工坊的效果

（一）鲁班工坊的建设进程

天津自海外建设首个鲁班工坊以来，加快鲁班工坊的建设布局和步伐，截至目前，正式建立5个鲁班工坊：

2016年3月8日，天津渤海职业技术学院依托渤海化工集团在泰国大成技术学院设立第一个“鲁班工坊”。

2017年5月18日，天津市第二商业学校依托天津食品集团在英国奇切斯特学院设立鲁班工坊。

2017年12月8日，天津轻工职业技术学院和天津机电职业技术学院依托天津渤海轻工集团、天津百利机电集团在印度金奈理工学院设立鲁班工坊。

2017年12月12日，天津东丽区职业教育中心学校依托行业企业在印度尼西亚东爪哇省波诺罗戈市第二职业技术学校建立印度尼西亚鲁班工坊。

2018年1月，泰国鲁班工坊完成二期建设，建成渤海中心。

2018年7月18日，天津现代职业技术学院和巴基斯坦旁遮普省技术教育与职业培训局（TEVTA）在巴基斯坦旁遮普省拉合尔市合作建立“鲁班工坊”。

2018年7月20日，天津铁道职业技术学院在泰国鲁班工坊建成了铁院中心。泰国鲁班工坊形成“一坊两中心”。

（二）鲁班工坊的建设成效

1．泰国鲁班工坊

天津渤海职业技术学院先后选派了2批专业骨干教师到泰国开展教学培训、技术培训和现场指导，共组织了60余名师生到泰国开展技术交流和学访。同时，在天津为泰国院校培养了“机电一体化技术”专业骨干。在天津渤海职业技术学院成立了“中泰职业教育研究中心”，在泰国大成技术学院成立了“工程实践创新项目教学研究中心”，由天津和泰国的职教研究专家、教师共同组成团队，开展中泰职业教育领域的研究，开发中泰职业教育国际化专业标准。2016年，泰国大城府省长布拉雍，泰国大城工业联盟总裁叟穆王等泰国政府、企业代表和泰国13所职业院校，天津教委及相关委局、天津10所院校、20余家企业达成“天津共识”，协同共建工程实践创新项目基地。借助“鲁班工坊”，多家企业与泰国职业院校签订了科技服务协议。

泰国诗琳通公主、泰国大城府布拉雍省长、泰国国家职业教育委员会阿卡尼·克朗秘书长等官员全力支持鲁班工坊的开发建设，2017年向天津市教委吕景泉副主任和天津渤海职业技术学院颁发了“诗琳通公主纪念奖章”，以表彰泰国鲁班工坊为20多所当地职业院校和东南亚许多国家的职业教育培养技能人才发挥了重要作用。

泰国“鲁班工坊”除为泰国师生学习训练外，还对东盟国家职业院校师生开放，目前已累计交流培训319人。马来西亚和印度尼西亚学生专门来“鲁班工坊”学习电脑鼠和自动化生产线技术，学生回国后参加国家自动化生产线技能大赛获得一等奖。两名泰国学生在“鲁班工坊”学习后，获得2016年11月在马来西亚吉隆坡举办的第11届东盟技能大赛“工业自动化系统”竞赛奖牌。目前，泰国鲁班工坊在整个东南亚地区产生了巨大示范效应。

2017年8月28日，泰国职业教育委员会（教育部）组织专家审评，天津渤海职业技术学院的“机电一体化专业”教学标准获得一致通过，成为泰国教育行政部门认可的学历教学标准。

2018年1月，完成了二期建设，建成泰国鲁班工坊渤海中心，面积达到了1000多平方米，新增物联网EPIP实训区、数控车床实训区、新能源汽车教学实训区、新能源汽车维修区4教学实训区，新增物联网技术、数控机床、新能源汽车技术3个国际专业。

2018年7月，天津铁道职业技术学院在泰国鲁班工坊建设了铁院中心，建成（高铁）动车组检修技术、（高铁）铁道信号自动控制2个国际专业。至此，泰国鲁班工坊完成一坊两中心，面积达到2000平方米，开设国际专业6个。

2．英国鲁班工坊

2017年5月，由天津市第二商业学校（天津市烹饪技术学校）和英国奇切斯特学院合作建立的“鲁班工坊”正式揭牌运行。这是天津在海外建立的第二个“鲁班工坊”，也是在欧洲建立的首个“鲁班工坊”，学校开展“中餐烹饪技术”专业教学。

英国奇切斯特学院是英国顶尖的职业学校。天津市第二商业学校凭借5位国家级烹饪大师、5 位市级烹饪大师，对英籍教师开展专项培训，开发了 1032 学时的国际化数字教学资源，建立了空中课堂。天津食品集团的优质产品也随鲁班工坊登陆英国。

2017 年 8 月，英方学历资格认证机构专家一行来到天津市，最终确定“中餐烹饪技术”专业教学标准符合英国教学质量体系，颁发了国家学历资格认证证书，这标志着“中餐烹饪技术”正式进入英国学历教育。“中餐烹饪技术”于 2018 年 4 月在英国国家职业教育框架中正式上架。学生获得的相关文凭证书将有“鲁班”二字标识，名称为鲁班中餐烹调师三级学历。英国国家职业教育资格体系存在于欧洲学历资格体系中，因此，该学历将自动获得欧洲诸国的承认。

英国 Qualifi 认证机构、英国奇切斯特学院、英国超卓教育咨询有限公司和天津市第二商业学校共同召开“英国中餐烹饪艺术课程开发 5 年规划会议”。双方确定了 2018~2023 年英国中餐烹饪艺术课程开发 5 年发展规划，对英国中餐烹饪艺术学历的招生、开发、拓展进行了详细规划，并就克劳利教学餐厅、英国中餐旗舰店、鲁班工坊在希腊及其他国家的拓展，ESOL 语言等具体项目进行探讨，进一步明确了鲁班工坊的发展方向。“中英鲁班工坊”还开展了第一届师生交流访问活动。在奇切斯特学院克劳利校区又建设了一间 90 平方米的中餐实训厨房。

3．印度鲁班工坊

在印度金奈理工学院建立的“鲁班工坊”设置工业机器人技术，机械设计与制造（3D 打印）、光伏发电技术与应用、数控设备应用与维护 4 个制造类专业，是世界上两个最多人口发展中国家的职业教育合作项目。经过一年多紧张建设，2017 年 12 月 8 日，隆重举行揭牌及启运仪式。首批建设的两个国际化专业已经得到印度教育行政部门的认可，印度“鲁班工坊”与中国在印度的 5 个国有大型企业中材国际工程印度公司、中国天津市天锻压力机有限公司，上市公司巨轮（印度）有限公司，中天科技印度公司、异龙生物科技（印度）有限公司签署了学生订单培养协议书，共同培养当地熟悉中国技术、产品、标准的企业急需技能人才。

4．印度尼西亚鲁班工坊

2013 年 10 月，习近平主席在印度尼西亚首次向世界发出共建“21 世纪海上丝绸之路”的倡议。

通过一年半时间交流、协商、教师培养和管理培训，在项目启动仪式上（12 月 12 日），印度尼西亚鲁班工坊以“汽车维修智能应用”中等职业教育为依托，同时布局了新能源、智能制造、EPIP 等项目，成为印度尼西亚教育行政部门、行业企业界、职校师生、印度尼西亚华人的追捧“明星”，成为合作方波诺罗戈市职业学校的最大骄傲。

鲁班工坊建设着眼于服务国家战略，依托于天津行业企业办学优势，通过项目实施，提升了职业院校的国际合作能力，拓宽了院校管理者、教师和学生的视野，增强了中国职业教育的自信，带动了职业院校的内涵质量建设，加强了国际视野下的校企合作、产教融合能力；更为重要的是，通过实践落实了教育部关于职业院校要服务国家战略，服务《中国制造 2025》的要求，在新时代彰显了职业教育的作为、天津市国家现代职业教育改革创新示范区的作为。

五、面临的问题

其一，鲁班工坊在海外办学不仅承担着职业教育“走出去”，对外分享我国职业教育经验成果，提升企业海外员工素质，服务当地国家技术技能人才培养与培训；同时承担着传递中国职业文化、中国职教理念、教学模式的任务。鲁班工坊项目需要政府部门的协同支持，通力合作。

其二，规划设计在境外一个国家原则上建立一个鲁班工坊，目前，鲁班工坊的项目经费主要由被输入国的合作学校、国内外企业和中方学校承担。其中中方学校承担国内教师的海外费用、补贴以及外方师资培训费等，中国相关的国内外企业以最大的优惠方式（或者赠予）为海外合作学校提供教学设备，外方合作学校提供场地以及工坊校舍的建设费用等。作为一种全新的海外办学模式，鲁班工坊的建设面临初期开办的设立资金以及后期运营发展资金两方面的需求。

其三，“鲁班工坊”的建设与发展，需要构建相应的质量评价指标体系，定期开展对海外“鲁班工坊”建设情况和人才培养状况的评价工作，以确保其优质高效运行。

六、进一步工作

根据中共中央办公厅、国务院办公厅《关于做好新时期教育对外开放工作的若干意见》，教育部关于《推进共建“一带一路”教育行动》，以及《天津市人民政府关于加快发展现代职业教育的意见》，天津市将采取有力措施鼓励有条件的职业院校到海外建立鲁班工坊，输出和分享国家现代职业教育改革创新示范区优质成果，服务国家“一带一路”建设。

几项具体工作：

（一）完成“鲁班工坊”海外布局和建设任务

落实《天津市人民政府关于加快发展现代职业教育的意见》提出的要求，围绕“一带一路”建设，加强“鲁班工坊”海外布局，到 2020 年，完成在境外建设 10 个左右高水平“鲁班工坊”任务。

（二）建立相应的组织管理和服务措施

强化统筹协调，建立国家现代职业教育改革创新示范区推进“鲁班工坊”建设工作小组，教委牵头，相关单位和行业企业共同组成，建立工作联动推进机制，形成绿色通道。

（三）健全政策支撑和保障体系

将开展“鲁班工坊”建设作为市委市政府“双一流”建设中，建设“世界一流职业教育”评价职业院校国际化水平的重要标度，并作为职业院校提升办学能力建设项目的主要绩效指标；为“鲁班工坊”建设校每年分配享受政府全额奖学金的留学生名额；扩大职业院校教师对外合作和交流的规模；加强“鲁班工坊”的理论研究和宣传工作。

（四）启动专项支持和长效保障

在职业教育专项经费中增加“鲁班工坊”专项建设资金，按照每个“鲁班工坊”，支持输出校提升承担海外合作方师资培训和学生交流的能力；在教育信息化专项经费中设置专项资金，已经启动“鲁班工坊信息化管理与服务平台”建设。对已建成“鲁班工坊”，每 3 年实施一次绩效评价，评价合格的给予输出校相应奖励。

（五）加强国际化专业教学标准建设

高水平国际化专业教学标准是鲁班工坊发展的基础。天津市在教育部《关于借鉴国外先进经验开展职业教育部分专业教学标准开发试点工作》的基础上，以提升国际化综合要素深度融入教育教学全过程为着力点，加大鲁班工坊课程、教材和资源建设力度，到 2020 年，天津国际化专业教学标准的规模将达到 100 个左右，为鲁班工坊开展学历职业教育和培训奠定雄厚基础。

（六）创设鲁班工坊研究与推广中心

在教育部职成司指导下，市教委在渤海职业技术学院设立一主体、多支点、国内国际联动的政策研究、资源开发、指导评价机构，对“鲁班工坊”需求与流程、规范与标准、模式与机制、质量与评价、宣传与推广等进行系统研究，持续优化建设。同时，在泰国鲁班工坊建立中泰职业教育教学研究中心、天津职业院校学生海外（泰国）实践拓展基地的基础上，着力建设中英、中印、中国和印度尼西亚职业教育教学研发中心，开展中外职业教育教学比较研究。

（七）搭建国内外技术技能人才培养交流与合作平台

探索构建以境外“鲁班工坊”为依托，以英国中职教育、泰国高职教育、印度应用本科职业教育为骨架的“中高本硕”贯通的国际化技术技能人才培养体系。

2018 年，将支持天津铁道职业技术学院，联合轨道交通企业在非洲建立“鲁班工坊”；支持天津中德应用技术大学，借助“澜湄职业技术培训中心”项目在柬埔寨理工学院设立“鲁班工坊”；并进一步构建在欧洲、非洲、美洲等地建立项目布局。

2018 年 3 月，天津市颁布了《加快融入丝绸之路经济带和 21 世纪海上丝绸之路建设行动方案》的通知，争取外交部和教育部支持，在天津海河教育园的天津机电职业技术学院（国家中西部地区职业教育师资培训中心总服务平台）设立中国－东盟职业教育师资培训中心项目。

（八）服务天津全国职业院校技能大赛永久主赛区，推进“国赛”对接“世赛”，探索赛项国际化

服务天津作为全国职业院校技能大赛的永久主赛区，推进“国赛”对接“世赛”，探索赛项国际化。在泰国的“鲁班工坊”已经连续两届成为中国职业院校技能大赛的延伸赛场，2018 年，印度鲁班工坊也将成为国赛的延伸赛场。同时，发挥“全国职业院校技能大赛成果转化中心”作用，进一步提升技能大赛的国际影响。

鲁班工坊——职业教育国际化发展新支点[1]

吕景泉，杨延，芮福宏，杨荣敏，于兰平

伴随世界经济全球化的不断深入，以及“一带一路”倡议的实施，教育的服务功能日益重要，为此国家相继出台系列文件，推动我国教育的国际化发展。中办、国办发布《关于做好新时期教育对外开放工作的若干意见》，教育部发布《推进共建“一带一路”教育行动》，明确提出要大力提升教育对外开放治理水平，完善教育对外开放布局，加强与大国、周边国家、发展中国家、多边组织的务实合作，充分发挥教育在“一带一路”建设中的重要作用，形成重点推进、合作共赢的教育对外开放局面。天津作为国家现代职业教育改革创新示范区，职业教育正处于迈向高水平国际交流与合作的发展阶段，“鲁班工坊”是助力天津职业教育走出去，服务企业走出去的创新型国际化职业教育服务项目，其建设集中了天津职业教育的优势资源，旨在创立国际合作与交流的新窗口，探索“职业教育 + 国际产能合作”的新支点，形成独具中国特色的、具有国际竞争力和影响力的职业教育品牌。作为中国职业教育的“孔子学院”，“鲁班工坊”的未来发展将不断扩大规模、丰富内涵，构建出多种发展模式，同时通过综合改革保障其可持续发展。

一、从低水平迈向高水平，天津职教国际化发展步入新阶段

经过国家职业教育改革创新试验区和示范区连续十年的建设，以及国家级现代职业教育改革创新示范区建设的逐步深化，目前天津职业教育的国际化发展已经走过了学习、了解国外先进职业教育理念和教学模式的初级阶段，步入了从低水平国际交流与合作迈向高水平国际交流与合作的发展阶段，国际优质职业教育资源的输入和天津市职业教育资源的输出成为目前阶段的基本特征。

在输入方面，以提升国际化综合要素深度融入教育教学全过程为着力点，将国际先进工艺流程、产品标准、技术标准、服务标准等融入教学，推进国际化优质示范性职业院校的建设。同时，学习借鉴世界技能大赛的比赛制度和运行模式，加强

1 该文摘编自《中国职业技术教育》，2017 年第 1 期。

全国职业院校技能大赛国际化环境建设，将天津主办的全国职业院校技能大赛主赛场建设成为职业院校教学成果的展示中心，新技术、新工艺、新设备、新技能的体验中心，产教融合、校企合作的重要载体，有效地提升了大赛的国际参与度和影响力，并将其建设成为我国参加世界技能大赛的培训基地。

在输出方面，围绕“一带一路”倡议，配合中国装备“走出去”和国际产能合作，开发配套教学标准和教学资源，培养具有国际视野、通晓国际规则的国际化技术技能人才，为国家海外发展战略输送人才，并以天津职业教育的资源为依托，探索创新国际合作与交流的新模式。

二、创建“鲁班工坊”，打造国际合作与交流新窗口

2016 年 3 月，天津渤海职业技术学院与泰国大城技术学院共同建立了“鲁班工坊”，这是我国在海外设立的首个职业教育领域的“孔子学院”。标志着国家现代职业教育改革创新示范区（天津），围绕“一带一路”倡议，配合中国装备“走出去”和国际产能合作，正式启动把天津市的优秀职业教育成果输出国门与世界分享计划。

“鲁班工坊”是天津市教育委员会依据教育部与天津市共建《国家现代职业教育改革创新示范区》的协议要求，提出的一个旨在助力天津职业教育走出去，服务企业走出去的创新型国际化职业教育服务项目，是以鲁班的“大国工匠”形象为依托，将天津作为国家现代职业教育改革创新示范区的优秀职业技术和职业文化，采取学历教育与职业培训的方式输出国门与世界分享，搭建起的天津职业教育与世界对话与交流的实体桥梁。

“鲁班工坊”的发展定位在于：服务于输入国的社会经济发展，增进人类福祉；服务于我国企业的产能输出和服务输出，助力国家发展；服务于天津市职业教育国际化发展，推动职教交流；服务于职业院校师资和专业建设，提升内涵质量。“鲁班工坊”作为国际性的职业教育与职业培训机构，将结合我国的输出产品和输出服务，采取多种方式，在输入地开展职业教育和技术技能培养培训，提高当地的技术服务水平，促进我国企业的服务输出和产品输出。

作为我国职业教育在国外的一种技术技能服务、技术文化传承的交流合作窗口，“鲁班工坊”的意义是巨大的，其建设与发展将直接促进输入国对我国技术技能、

企业标准的认知、理解与接纳，提升中国企业在国际上的竞争力，服务国家“一带一路”发展战略，以及落实《中国制造 2025》规划中国家重点产业国际化布局战略。

三、集中优势资源，创立中国职教品牌

泰国首个“鲁班工坊”是以工程实践创新项目建设为核心理念和主线建设的，致力于培养学生的职业素质、综合实践能力和创新能力。泰国“鲁班工坊”集中了天津的优质职业教育资源，充分反映天津职业教育改革创新示范区的现代教学组织理念，突出天津职业教育校企合作、国际合作内涵性成果，呈现“互联网 +”现代智能制造的教学载体应用，形成了独具中国特色的、具有国际竞争力的职业教育品牌。

泰国“鲁班工坊”的教学是依托天津职业院校国际化专业建设的国家级教学成果奖的获奖成果——“工程实践创新项目”来进行设计的。课堂教学是选用天津职业院校开发的《工程实践创新项目教程》国际化双语教材，并根据泰国大城技术学院现有专业特点，由中泰两国的专业教师共同开发教学项目并组织实施教学。教学活动以工程实践创新项目为载体实现综合职业能力的培养，分四大部分：能力源创新课程套件，实现培养学生创新能力，动手能力、协作能力的综合训练；机器人部分，主要是安全生产、智能生成机器人的应用能力培养，包括救火机器人、防化工泄漏机器人、引导机器人、仿生机器人的使用和调试等；电脑鼠走迷宫项目是将电脑鼠走迷宫项目融入单片机课程中或者相关课程之中，培养学生自主创新意识和创新思维；软件仿真、硬件仿真和实物制作多项功能融合为一体的目的，则是为培养学生创新能力搭建硬件平台。

“鲁班工坊”的设计采用人性化的设计和布局方式，工坊内的背景设计、摆件和音乐都是中国元素，突出融入中国文化特色。工坊分室内与室外两个部分，室内部分为工程实践创新教学区，整个教学活动又分成多个独立的小区域，分别是仿生机器人学习体验区、电脑鼠走迷宫学习竞赛区、POWERON 创新套件实训区、自动化生产线教学区和中泰教师教研办公区。室外部分则是新能源技术区，配备有全国职业院校技能大赛主赛区使用的天津产新能源汽车和充电桩等整套服务装备，所有项目的技术标准都达到了相关领域的国际先进水平。

四、高标准培养人才，扩大职教海外影响力

为了保障泰国“鲁班工坊”的教育质量，天津渤海职业技术学院不仅在教学设计、课程设置、教材开发、师资培训等方面给予全方位的质量保障，同时借助现代信息技术，在泰国的“鲁班工坊”内设立空中课堂、视频微课，实现天津渤海职业技术学院的课堂跨区域与泰国的“鲁班工坊”课堂教学同步化，保证了泰国“鲁班工坊”的高标准人才培养质量。2016 年 11 月，泰国大城技术学院的师生代表队通过“鲁班工坊”自动化装备训练，获得第十一届东盟职业技能大赛一等奖。截至目前，泰国鲁班工坊的培训规模已达到千余人次，不仅泰国大城技术学院以及所在地的其他学校的学生获得了高质量的中国职业教育，而且还吸引了周边其他国家的学生慕名前来求学，形成了强大的影响力。

在建设定位上除了教学功能以外，承接技能大赛也是“鲁班工坊”的重要功能，泰国大城技术学院的“鲁班工坊”不仅是当地区域进行职业教育教学活动的场所，同时也是我国每年一度的职业院校技能大赛的延伸场馆，“鲁班工坊”相关设备的技术水平与国内或国际相关项目的竞赛标准是等同的，具备开展国际邀请赛、对抗赛和友谊赛的条件，“鲁班工坊”因此成为泰国及其周边国家培养和选拔优秀技术技能人才的场所，同时借助这一方式也进一步推动了我国职业院校技能大赛的国际化发展。

五、扩大规模丰富内涵，探索“鲁班工坊”的多种发展模式

“鲁班工坊”是我国职业教育走向国际的重要载体，是我国职业院校海外办学和国际合作办学的独特形式，因此扩大建设规模是“鲁班工坊”未来发展的重要任务。目前第二个高职教育的“鲁班工坊”正在建设中，天津市已将“鲁班工坊”项目列入天津市教育发展的重点工程，在《天津市人民政府关于加快发展现代职业教育的意见》中明确提出，要鼓励有条件的学校积极拓展海外职业教育市场，到 2020 年天津要在境外建设 10 个“鲁班工坊”。

除了规模扩大之外，拓展“鲁班工坊”的建设内涵也是“鲁班工坊”未来发展的重要任务。泰国首个“鲁班工坊”的建立是以工程实践创新项目为主要载体的，但是在未来的发展过程中，天津海外“鲁班工坊”的建设内容将不仅局限于此，教

育内容还将包括基于输入国社会经济发展需求的技术技能培训、中国国家职业资格培训、所在国职业教师资培养培训、与天津职业院校相近层次的学历教育等多项内容。具体建设模式也是多种多样的，主要的建设模式将包括以下几种：

依托职业院校间的校际合作。在天津职业院校国际合作办学和国际合作交流的基础上，与输入地的院校合作创建“鲁班工坊”。

依托中国企业和产品走出去。与承揽海外大型工程的企业或国（境）外办厂、收购的企业合作，在国（境）外的适宜职业院校和机构创建“鲁班工坊”，致力于培养本土化的技术技能人才，满足国（境）外企业发展的需要。

依托留学生教育。加大留学生奖学金的支持力度，改革和创新留学生的招生模式，与国（境）外院校联合培养留学生，在联合培养院校建立“鲁班工坊”，承担留学生教育的部分职能。

依托政府间的战略合作。从国家层面，将“鲁班工坊”建设纳入中国外交战略，通过政府间的战略合作和政策来推动“鲁班工坊”的创建。

依托实践教学资源的输出。通过职业教育的教学仪器设备和实训设备的输出，与输出地的职业院校与职业培训机构建立基于项目合作的“鲁班工坊”。

六、实施综合改革，保障“鲁班工坊”的可持续发展

迈向国际化的“鲁班工坊”，其核心竞争力源自于职业教育与职业培训的教育教学水平，源自于支持其可持续发展的制度保障，因此教育管理、教学资源、师资质量等相关制度建设至关重要，需要实施综合化的改革。

（一）强化政府统筹管理，完善顶层设计

受到政治、经济、文化和宗教信仰等因素的影响，在国外办学有很多不确定性因素，要求在办学体制机制、管理方式和管理制度等方面适应所在国家的特点，确保我国职业教育的教育项目输出。天津市教育委员会通过强化政府的统筹管理职责，整合了天津市高职院校的各种教育资源以及科研力量，根据鲁班工坊建设的实际需求，出台“鲁班工坊”的具体实施方案，明确“鲁班工坊”建设必须坚持的四个基本原则，有效地保障了“鲁班工坊”项目的顺利实施，四个基本原则包括：

平等合作原则。平等合作是我国国际教育合作的重要原则，是保持合作双方独

立性和平等性的重要方式。“鲁班工坊”的建设过程以平等合作为准则，共同商讨合作方式、项目实施等问题。

因地制宜原则。各个国家的经济发展水平、技术技能水平和政治环境都存在巨大差异，“鲁班工坊”的具体建设标准将积极吸纳合作单位的诉求，不断形成和完善统一建设标准。

优质优先原则。优质的国际化教育资源和技术技能是树立“鲁班工坊”品牌的重要影响因素。在项目实施初期，职业教育资源的合作与输出，将优先围绕国际化的优质专业、优质课程、优质教师、优质资源和通用性技术技能资源，优先向天津职业院校合作基础好的不同国家的院校单位推行，扎实实施，保障“鲁班工坊”的教育质量和品牌。

强能重技原则。实践训练是职业教育发展的核心，也是“鲁班工坊”增强吸引力的重要方面，在技术和装备输出的基础上，要坚持将理论与实践训练等优秀的教育教学模式进行不断强化和运用，满足需求方国家对技术技能型人才的需求。

正是由于完善的顶层设计，使得“鲁班工坊”建设过程中，其在发展定位、内涵意义、建设原则、发展模式、保障机制与配套政策都有据可依，有效地提高了“鲁班工坊”的国际化管理水平，保障了海外“鲁班工坊”的建设规范化、科学化。

（二）开发国际化专业，提升国际输出能力

“鲁班工坊”的建设离不开相关专业建设的支持，高水平、国际化的专业是“鲁班工坊”发展的基础，天津市在国际化专业建设过程中已经取得了初步成效。按照教育部《关于借鉴国外先进经验开展职业教育部分专业教学标准开发试点工作的通知》教职成司函〔2012〕86号）要求，天津市教育委员会以天津市高等职业教育为主体，以提升国际化综合要素深度融入教育教学全过程为着力点，将国际先进工艺流程、产品标准、技术标准、服务标准等要素与我国职业教育教学相互结合，参照国际先进专业建设标准、课程标准、资格证书标准，研究制定国际化的专业教学标准。经过3年的开发与实践，遴选了50个紧贴先进制造业、战略性新兴产业、现代服务业等重点领域的专业，目前已经完成这些专业的国际化专业教学标准的开发工作。“十三五”期间，天津市还将启动新一轮国际化专业建设工程，到2020年，天津国际化专业

建设的规模将达到100个左右，这将为“鲁班工坊”开展技术技能培训与学历职业教育奠定雄厚的基础。

（三）深化中外合作，完善综合服务体系

除了需要有国际化的专业教育体系，“鲁班工坊”的发展还需要有服务体系的支持，管理问题、师资问题、语言问题、教材本土化问题等都是影响“鲁班工坊”持续发展的主要因素，因此开发建设完善的综合服务体系是“鲁班工坊”发展的关键。一是师资培养，泰国“鲁班工坊”在建设之初，采取国内教师直接到泰国任教和泰国教师来国内集中培训两种方式，完成“鲁班工坊”指导教师的培训工作，有效地保障了师资水平；二是教材的再开发，泰国“鲁班工坊”的工程实践创新项目教材是以天津高职院校的教学水平和学生能力水平为依据开发的，与泰国目前的教学水平和学生能力有一定差异，为此泰国专业教师与天津高职学院教师通力合作，从泰国职业教育的实际出发对原有教材进行了调整，编制出泰文版的相应教材，有效地保障了“鲁班工坊”的教学顺利实施。

（四）强化科研引领，促进“鲁班工坊”的成果深化与交流推广

注重科研引领是“鲁班工坊”建设的重要特征。在天津市教育委员会的直接领导下天津市成立由高职院校、教科院和职教中心等科研力量组成的专业研究团队，围绕“鲁班工坊”的实施与成果推广设立专项课题，并列入天津市教育科学“十三五”发展规划。在学校层面则通过设立研究中心来强化科研，随着泰国“鲁班工坊”合作项目的不断深化，在天津渤海职业技术学院建立了中泰职业教育研究中心，该中心由天津和泰国的职业教育研究专家、学者共同组成研究开发团队，双方共同开展中泰职业教育领域的研究，开发中泰职业教育国际化标准。同时，研究中心还为中泰职业教育国际化专业建设提供决策咨询、推广和宣传等服务，并通过组织开展中泰职业教育学术、教学交流活动等推广先进技术教育，推动中泰两国职业教育的交流与发展。

当好职教改革“领头羊”[1]

中国教育报

ZHONGGUO JIAOYU BAO

2017年8月19日 星期六

网站：www.jyb.cn

天津：当好职教改革『领头羊』

『五业联动』形成职教发展新模式，『中高本硕』贯通构建现代职教新体系——

本报记者 蔡继乐 李薇薇 见习记者 樊畅

“构建现代职教新体系，天津职教既要做‘拓荒牛’，也要当‘千里马’，更要当‘领头羊’，在全国职教改革发展中起到引领和示范作用。”谈起职业教育，天津市教委副主任吕景泉掩饰不住自豪之情。

吕景泉之所以有这个底气，是因为天津职教一直“领跑”全国，职业教育始终是天津一道亮丽的风景线——

从新中国成立之初的“半工半读”技术教育，到21世纪初“产教融合、工学并举”的职业教育“天津模式”；从2008年被确定为全国职业院校技能大赛永久举办地，到目前唯一的“国家现代职业教育改革创新示范区”；从服务“京津冀协同发展”，到创办“鲁班工坊”推进职业教育国际化；从深化职教办学机制改革的“五业联动”，到构建“中高本硕”贯通培养的现代职教新体系……

天津职业教育何以能取得如此成就？日前，中国教育报记者走进天津一探究竟。

创新“五业联动”，形成职教发展多元合力

“声音落、文稿出”，蒙着双眼，边听广播边敲打键盘记录，全国各地速录高手“指尖对决”看得人目瞪口呆，这场景出现在今年全国职业院校技能大赛期间，天津职业大学承办的“文秘速录专业技能”赛项的比赛现场。

迄今已举办十届的全国职业院校技能大赛，成为了我国职教改革的“风向标”。

十年大赛，极大促进了我国职业教育的发展。“作为大赛永久举办地，天津的职业教育受益颇丰。一方面，大赛直接促成海河职教园区的建成；另一方面，大赛也聚集了许多优质职教资源，使天津职教始终处于‘领跑’者的位置。”吕景泉说。

凭借这些优势，天津职教瞄准“中国制造2025”，延续“产教融合、工学并举”的改革成果，发挥行业企业办学的突出优势，探索形成了产业、行业、企业、职业、专业“五业联动”的发展新模式。

懂理论，又能在现场指导并解决问题的一线现场工程师，是企业和行业急需的人才。这样的人才如何得来？天津以在实践中不断深化的职业教育办学模式改革，很好地回答了这个问题。

一个根植于产业发展，服务行业、企业需求，对接职业岗位，落地于专业建设的产业、行业、企业、职业和专业“五业联动”职业教育办学新模式，在天津职业教育体系中悄然生发。

天津市探索形成的“政、行、企、校、研”五方携手职教发展新机制是这种办学新模式强有力的后盾。“这个新机制就是强调政府主导、统筹，行业企业参与、指导、评价，职业院校培养，研究机构支撑、服务，五方权责清晰、定位明确，形成共同体。”吕景泉说。

在实践中，天津市通过强化职业教育联席会议机制，推动由行业集团牵头的19个职业教育集团发展，调动各方参与职业教育的积极性和主动性，从根本上破解了多元主体合作办学的难题。

“五业联动”新发展模式，让职业院校办学如鱼得水，也催生出一批新项目、新现象。如对接空客A320、大推力火箭等一批大项目，建设一批如“大飞机”“大火箭”订单班，启动优质专业群对接优势产业群试点工作等。

天津职业教育依据产业行业发展，将职业岗位的新要求快速转化为专业发展目标，将新工艺、新技术和新方法快速转化为教学内容。“五业联动”打通天津职业院校改革发展思路，贯通“政、行、企、校、研”，五方携手形成天津职教发展的合力。

贯通“中高本硕”，构建现代职教新体系

“我从未想过有一天中职生也可以直接报考本科院校，甚至还能考硕士、博士。”天津市南开区职业中专学生郑钧鸿在天津中德应用技术大学举办的“春季高考”招生咨询现场得知，今后中职、技校或职业高中的学生都将有机会在中德应用技术大学实现读本科的愿望时兴奋不已。

2016年5月16日，天津中德应用技术大学在天津海河教育园区挂牌成立，全国首所由高职院校升级为应用技术教育本科院校的高校由此诞生。

该校校长张兴会介绍，中德职业技术学院更名为中德应用技术大学，就是要贯通“中高本硕”，实现技术技能人才成长的有效衔接，让每个专业都能对接一个甚至一批产业。

何谓“中高本硕”有效衔接？就是在职业教育体系中，搭建本科层次学习平台，打通从中职、高职到本科层次、专业型硕士的技术技能人才培养渠道。四层衔接、分段培养能够实现人才培养的充分协调。那么，到底该如何衔接？

“无疑，课程的有效衔接是四层贯通的接入点。”中德应用技术大学校企办处处长周泓说，“应用技术本科高校作为一个新生事物，会通过对教学大纲及课程内容的不断探索和调整，促进各阶段教育完美衔接。”

以高职与本科衔接为例，为增强学生动手能力，该校“订单班”实训课课时由2700余课时增加到5000余课时，理论课则要求比同类高职深，但可以不像普通本科那么广。应用型本科专业理论课程设置上更注重技术理论，而非传统学科理论体系。在专业基础技术技能教学上则采用项目制，通过训练载体或项目分离理论课和实践，围绕其做有效的教学设计。

（下转第二版）

相关报道见四版

题图：2016年全国职业院校技能大赛在天津举行，高职组电子产品芯片级检测维修与数据恢复赛项比赛正在进行。

新华社发（资料图片）

砥砺奋进的五年 神州看教育⑯

中国教育报头版头条报道天津职业教育发展新模式

“构建现代职教新体系，天津职教既要做‘拓荒牛’，也要当‘千里马’，更要当‘领头羊’，在全国职教改革发展中起到引领和示范作用。”谈起职业教育，天津市教育委员会副主任吕景泉掩饰不住自豪之情。

吕景泉之所以有这个底气，是因为天津职教一直“领跑”全国，职业教育始终是天津一道亮丽的风景线——

从新中国成立之初的“半工半读”技术教育，到21世纪初“产教融合、工学并举”的职业教育“天津模式”；从2008年被确定为全国职业院校技能大赛永久举办地，到目前唯一的“国家现代职业教育改革创新示范区”；从服务“京津冀协同发展”，到创办“鲁班工坊”推进职业教育国际化；从深化职教办学机制改革的“五业联动”，到构建“中高本硕”贯通培养的现代职教新体系……

天津职业教育何以能取得如此成就？日前，中国教育报记者走进天津一探究竟。

创新“五业联动”，形成职教发展多元合力

“声音落、文稿出”，蒙着双眼，边听广播边敲打键盘记录，全国各地速录高手“指

1 该文摘编自《中国教育报》，2017年8月19日第1版。

尖对决”看得人目瞪口呆，这场景出现在今年全国职业院校技能大赛期间，天津职业大学承办的“文秘速录专业技能”赛项的比赛现场。

迄今已举办十届的全国职业院校技能大赛，成为我国职教改革的“风向标”。

十年大赛，极大促进了我国职业教育的发展。“作为大赛永久举办地，天津的职业教育受益颇丰。一方面，大赛直接促成海河职教园区的建成；另一方面，大赛也聚集了许多优质职教资源，使天津职教始终处于‘领跑’者的位置。”吕景泉说。

凭借这些优势，天津职教瞄准“中国制造2025”，延续“产教融合、工学并举”的改革成果，发挥行业企业办学的突出优势，探索形成了产业、行业、企业、职业、专业“五业联动”的发展新模式。

懂理论，又能在现场指导并解决问题的一线现场工程师，是企业和行业急需的人才。这样的人才如何得来？天津以在实践中不断深化的职业教育办学模式改革，很好地回答了这个问题。

一个根植于产业发展，服务行业、企业需求，对接职业岗位，落地于专业建设的产业、行业、企业、职业和专业“五业联动”职业教育办学新模式，在天津职业教育体系中悄然生发。

天津市探索形成的“政、行、企、校、研”五方携手职教发展新机制是这种办学新模式强有力的后盾。“这个新机制就是强调政府主导、统筹，行业企业参与、指导、评价，职业院校培养，研究机构支撑、服务，五方权责清晰、定位明确，形成共同体。”吕景泉说。

在实践中，天津市通过强化职业教育联席会议机制，推动由行业集团牵头的19个职业教育集团发展，调动各方参与职业教育的积极性和主动性，从根本上破解了多元主体合作办学的难题。

“五业联动”新发展模式，让职业院校办学如鱼得水，也催生出一批新项目、新现象。如对接空客A320、大推力火箭等一批大项目，建设一批如“大飞机”“大火箭”订单班，启动优质专业群对接优势产业群试点工作等。

天津职业教育依据产业行业发展，将职业岗位的新要求快速转化为专业发展目标，将新工艺、新技术和新方法快速转化为教学内容。“五业联动”打通天津职业院校改革发展思路，贯通“政、行、企、校、研”，五方携手形成天津职教发展的合力。

贯通“中高本硕”，构建现代职教新体系

“我从未想过有一天中职生也可以直接报考本科院校，甚至还能考硕士、博士。”天津市南开区职业中专学生郑钧鸿在天津中德应用技术大学举办的“春季高考”招生咨询现场得知，今后中职、技校或职业高中的学生都将有机会在天津中德应用技术大学实现读本科的愿望时兴奋不已。

2016 年 5 月 16 日，天津中德应用技术大学在天津海河教育园区挂牌成立，全国首所由高职院校升级为应用技术教育本科院校的高校由此诞生。

该校校长张兴会介绍，天津中德职业技术学院更名为天津中德应用技术大学，就是要贯通“中高本硕”，实现技术技能人才成长的有效衔接，让每个专业都能对接一个甚至一批产业。

何谓“中高本硕”有效衔接？就是在职业教育体系中，搭建本科层次学习平台，打通从中职、高职到本科层次、专业型硕士的技术技能人才培养渠道。四层衔接、分段培养能够实现人才培养的充分协调。那么，到底该如何衔接？

“无疑，课程的有效衔接是四层贯通的接入点。”天津中德应用技术大学校企办处处长周泓说，“应用技术本科高校作为一个新生事物，会通过对教学大纲及课程内容的不断探索和调整，促进各阶段教育完美衔接”。

以高职与本科衔接为例，为增强学生动手能力，该校“订单班”实训课课时由 2700 余课时增加到 5000 余课时，理论课则要求比同类高职深，但可以不像普通本科那么广。应用型本科专业理论课程设置上更注重技术理论，而非传统学科理论体系。在专业基础技术技能教学上则采用项目制，通过训练载体或项目分离理论课和实践，围绕其做有效的教学设计。

近年来，天津不断深化办学体制改革，努力构建现代职业教育新体系，一批“中高本硕”衔接新体制应运而生。如“3+3 中高衔接培养”“3+4 中本系统培养”“3+2 高本衔接培养”“3+4 高硕系统培养”以及“专业硕士联合培养”等。

截至 2016 年底，天津市已有 5 所高职院校和 5 所中职示范校开办了 15 个系统化培养试点专业，7 所职业院校与 6 所本科院校开展 12 个联合培养技术应用型、高

端技术技能型人才培养试点。

“中高本硕”有效衔接，让职业教育与普通教育不再“分道扬镳”。

创办“鲁班工坊”，推进职业教育国际化

2017年5月，在天津渤海职业技术学院主办的“电脑鼠走迷宫”国际邀请赛上，来自泰国的尹杰熟练地操作着“电脑鼠”。他说：“这里的设备、环境和我们学校的鲁班工坊一样”。

提及“鲁班工坊”，天津渤海职业技术学院院长于兰平非常自豪。早在2016年3月，天津渤海职业技术学院就与泰国大城府大城技术学院共同建立了第一家“鲁班工坊”。

“大城技术学院提供场地，中方企业提供实训设备，我们学校提供课程和教学标准。”于兰平说，“中方教师并不直接给学生上课，而是用我们的标准培训当地教师，再由当地教师教授学生”。

“在‘一带一路’倡议下，中国企业正加快走出去的步伐，职业教育应发挥作用。”吕景泉说，“培养当地熟悉中国技术、产品、标准的技术技能人才，是助力中国企业走出去的关键”。

按照这一理念，天津市职业院校开始了积极的探索。目前，泰国“鲁班工坊”培训规模已达到千余人次，不仅向泰国当地学生提供了高质量的职业教育，周边国家的学生也慕名前往求学，中国职业教育的国际影响力由此不断拓展。

2017年2月3日，作为“鲁班工坊”的设计和建设者，吕景泉和天津渤海职业技术学院党委书记芮福宏，被泰国公主诗琳通授予“诗琳通公主纪念奖章”。2017年5月18日，天津市第二商业学校和英国奇切斯特学院合作建立的“鲁班工坊”正式揭牌运行，这是“鲁班工坊”首次落地欧洲国家。

目前在建的印度“鲁班工坊”以新能源汽车等新兴产业技术为主，印度尼西亚“鲁班工坊”重点为汽车维修，巴基斯坦“鲁班工坊”着力打造能源电力品牌。此外，柬埔寨、非洲等地的“鲁班工坊”也正在紧锣密鼓地建设中。

天津建设的“鲁班工坊”，把优秀职业教育成果输出国门与世界分享，成为“一带一路”上的技术“驿站”。如今，“鲁班工坊”已成为天津职业教育向世界

亮出的一张新名片。

职教精准扶贫，坚守教育的社会责任

利用职教资源开展精准扶贫，也是天津职业教育的亮点之一。

2016 年 5 月，“国家中西部地区职业教育师资培训中心”在天津机电职业技术学院正式挂牌。一个多月后，中心就迎来了“黄埔一期”学员——来自鄂尔多斯市职业院校的 170 多名骨干教师在这里接受集中培训。

“这个中心的成立，将有助于提升中西部地区职业院校师资和管理队伍能力水平。”吕景泉说，“天津市将集中资金和资源，精准帮扶中西部地区发展职业教育，这也是我们应当承担的社会责任”。

全面脱贫攻坚阶段，中西部地区的基础硬件设施基本得到完善，但能有效利用这些基础设施的人才却严重不足，形成了“木桶效应”。在精准扶贫工作中，天津职业教育将这种挑战变为机遇。

谈起在天津交通职业学院当学生的日子，西藏昌都市职业技术学校教师刘明洋至今仍很兴奋。“专业课程的教学都是一对一指导，理论实践结合、虚实结合讲解汽车检测与维修专业知识，让我们受益良多。”刘明洋说。

解决“木桶效应”，补足短板最重要。不仅要让刘明洋们来天津职业学院挂职学习，而且要派天津的教师到中西部职业学院“传经送宝”。

天津交通职业学院的专业课教师史懂深刚完成在昌都市职业技术学校两个月的教学任务回到天津后不久，就又同学校教师田倩倩返回昌都，他要确保昌都市职业技术学校教学工作及时衔接。

“作为首批派驻昌都的专业课教师，我们要承担 4 门专业课程，每周人均 14 课时。”到校后，史懂深认识到，参与所帮扶学校的发展规划制定、专业建设、课程设置等工作，帮扶才能更精准。

经过实践的检验，“双向挂职全覆盖”职教扶贫策略在津门落地生根。

此外，面向中西部地区构建区域系统援建、品牌整体输出、专业结对共建、师资轮岗培训及学生定制培养的职教扶贫“五模式”也在天津得到推广。

随着时间的推移，天津职教扶贫帮扶模式的“菜单”还将持续更新。

中国教育报

ZHONGGUO JIAOYU BAO

2017年5月30日 星期二

农历丁酉年五月初五 第10038号 今日四版

公众号：中国教育报

网站：www.jyb.cn

国内统一刊号CN11－0035 ｜ 邮发代号1－10

微博：@中国教育报

“鲁班”环游记

——鲁班工坊向世界输出中国职教品牌

本报记者 高靓

砥砺奋进的五年 教育新实践

近日，在天津渤海职业技术学院“电脑鼠走迷宫”国际邀请赛上，来自泰国的尹杰有条不紊地操作着，丝毫没有陌生和紧张。他说：“因为这里的设备、环境和我们学校的鲁班工坊一样。”

尹杰所说的鲁班工坊，是天津渤海职业技术学院与泰国大城技术学院合作建立的海外职教基地，也是天津市作为国家现代职业教育改革创新示范区，探索职业教育国际化发展，向世界亮出的一张职业教育新名片。

中国不仅有孔子，也有鲁班

说起鲁班工坊的由来，天津市教委副主任吕景泉讲起了故事。他到东南亚国家走访时发现，10多年前风靡一时的中国摩托车几乎全被日本品牌取代。询问之下得知，由于懂得中国摩托车修理技术的人才缺乏，导致中国车的维修服务跟不上。他还发现，在当地很多职业院校里，都开设有日本品牌摩托车的维修专业。

“在‘一带一路’的倡议下，中国企业要加快走出去的步伐，职业教育应全力助推。”吕景泉认为，“培养当地熟悉中国技术、产品、标准的技术技能人才，是助力中国企业走出去的关键。”按照这一理念，天津市职业院校开始了探索。

2016年3月，天津渤海职业技术学院与泰国大城府大城技术学院共同建立的第一家鲁班工坊正式揭牌。

“大城技术学院提供场地，中方企业提供实训设备，我们学校提供课程和教学标准。”渤海职业技术学院院长于兰平介绍，“中方教师并不直接给学生上课，而是用我们的标准培训当地教师，再由当地教师教授学生。”

很快，鲁班工坊引起企业关注。把设备卖到印度的大连机床集团主动找上门来，希望在印度设立鲁班工坊。2016年5月，天津轻工职业技术学院、天津机电职业技术学院同印度金奈理工学院签署了职业教育合作意向书，在1000平方米的场地上，建立了新能源技术、数控装调、3D打印技术、机器人技术等4个实训区。

“鲁班工坊形式各异，但共同点是定位高，不再停留在师生互访，而是紧紧围绕国家重大战略出牌。”天津第二商业学校校长刘恩丽告诉记者，学校与英国奇切斯特学院合作建立的鲁班工坊，首次把中餐烹饪技术标准纳入英国的职业资格认证体系，在英国开展中餐学历教育。更让人振奋的是，这个资格认证在美国、加拿大等国同样有效，这意味着中餐培训“走出去”有了“中国标准”。

“成熟一所，推出一所。‘十三五’期间，天津计划建立10所鲁班工坊。”吕景泉说，“中国传统文化中不仅有孔子，也有鲁班所代表的技术技能和劳动智慧。鲁班工坊通过学历教育和职业培训等方式，搭建起天津职业教育与世界对话交流的桥梁。”

中国职教送出去的，不能是外国模式

“职教合作，你应该去德国，怎么来中国了？”当初，印度金奈理工学院院长考察行程还没开始，就被酒店里一个外国人给上了一课。

虽然是学校之间的合作，但是天津的校长们发现，在对方眼里，常常被泛化为“中国”。有什么理由让别人选择中国？这是开办鲁班工坊必须回答的问题。

吕景泉认为：“职教走出去，不是盲目自大，也不是空凭热情，而是有这些年国家和天津市职教改革发展的积累做支撑。”

据了解，首个建成的泰国鲁班工坊，其整个教学活动均依托获得国家级教学成果奖的“工程实践创新项目”进行。在渤海职业技术学院，记者走进升级版的鲁班工坊——工程实践创新项目体验中心，这里的仿生机器人学习体验区、电脑鼠走迷宫学习竞赛区、能力源创新套件实训区、自动化生产线教学区等都被复制到泰国的鲁班工坊。“比如电脑鼠走迷宫，融合了检测技术、人工智能、自动控制等多项专业技术，致力于培养学生的工程思维、工程意识和工程技能。”于兰平说。

（下转第三版）

中国教育报头版头条报道鲁班工坊

鲁班环游记

——鲁班工坊向世界输出中国职教品牌[1]

砥砺奋进的五年，教育新实践

近日，在天津渤海职业技术学院“电脑鼠走迷宫”国际邀请赛上，来自泰国的尹杰有条不紊地操作着，丝毫没有陌生和紧张。他说：“因为这里的设备、环境和我们学校的鲁班工坊一样。”

尹杰所说的鲁班工坊，是天津渤海职业技术学院与泰国大城技术学院合作建立的海外职教基地，也是天津市作为国家现代职业教育改革创新示范区，探索职业教

1 该文摘编自《中国教育报》，2017年5月30日第1版。

育国际化发展，向世界亮出的一张职业教育新名片。

中国不仅有孔子，也有鲁班

说起鲁班工坊的由来，天津市教委副主任吕景泉讲起了故事。他到东南亚国家走访时发现，10多年前风靡一时的中国摩托车几乎全被日本品牌取代。询问之下得知，由于懂得中国摩托车修理技术的人才缺乏，导致中国车的维修服务跟不上。他还发现，在当地很多职业院校里，都开设有日本品牌摩托车的维修专业。

“在‘一带一路’倡议下，中国企业要加快走出去的步伐，职业教育应全力助推。”吕景泉认为，“培养当地熟悉中国技术、产品、标准的技术技能人才，是助力中国企业走出去的关键。”按照这一理念，天津市职业院校开始了探索。

2016年3月，天津渤海职业技术学院与泰国大城府大城技术学院共同建立的第一家鲁班工坊正式揭牌。

“大城技术学院提供场地，中方企业提供实训设备，我们学校提供课程和教学标准。”渤海职业技术学院院长于兰平介绍，“中方教师并不直接给学生上课，而是用我们的标准培训当地教师，再由当地教师教授学生。”

很快，鲁班工坊引起企业关注。把设备卖到印度的大连机床集团主动找上门来，希望在印度设立鲁班工坊。2016年5月，天津轻工职业技术学院、天津机电职业技术学院同印度金奈理工学院签署了职业教育合作意向书，在1000平方米的场地上，建立了新能源技术、数控装调、3D打印技术、机器人技术等4个实训区。

“鲁班工坊形式各异，但共同点是定位高，不再停留在师生互访，而是紧紧围绕国家重大战略出牌。”天津第二商业学校校长刘恩丽告诉记者，学校与英国奇切斯特学院合作建立的鲁班工坊，首次把中餐烹饪技术标准纳入英国的职业资格认证体系，在英国开展中餐学历教育。更让人振奋的是，这个资格认证在美国、加拿大等国同样有效，这意味着中餐培训“走出去”有了“中国标准”。

“成熟一所，推出一所。‘十三五’期间，天津计划建立10所鲁班工坊。”吕景泉说，“中国传统文化中不仅有孔子，也有鲁班所代表的技术技能和劳动智慧。鲁班工坊通过学历教育和职业培训等方式，搭建起天津职业教育与世界对话交流的桥梁。”

中国职教送出去的，不能是外国模式

“职教合作，你应该去德国，怎么来中国了？”当初，印度金奈理工学院院长考察行程还没开始，就被酒店里一个外国人给上了一课。

虽然是学校之间的合作，但是天津的校长们发现，在对方眼里，常常被泛化为“中国”。有什么理由让别人选择中国？这是开办鲁班工坊必须回答的问题。

吕景泉认为：“职教走出去，不是盲目自大，也不是空凭热情，而是有这些年国家和天津市职教改革发展的积累做支撑。”

据了解，首个建成的泰国鲁班工坊，其整个教学活动均依托获得国家级教学成果奖的“工程实践创新项目”进行。在渤海职业技术学院，记者走进升级版的鲁班工坊——工程实践创新项目体验中心，这里的仿生机器人学习体验区、电脑鼠走迷宫学习竞赛区、能力源创新套件实训区、自动化生产线教学区等都被复制到泰国的鲁班工坊。“比如电脑鼠走迷宫，融合了检测技术、人工智能、自动控制等多项专业技术，致力于培养学生的工程思维、工程意识和工程技能。”于兰平说。

“过去，我们往往习惯学习别人，不管谁来都是专家。现在，中国职教走出去，不能再照搬德国模式、日本方法。”吕景泉说，事实上，天津市作为国家职业教育改革创新示范区，已经在现代职教教学组织理念、教学方法、教学内容等方面形成了自己的特色。

在鲁班工坊里，不仅有来自中国的先进实训设备，也有来自中国的课程、教学标准和教学资源。近年来，天津市积极开展职业教育国际化专业教学标准开发试点工作，泰国和印度鲁班工坊的几个专业均采用国际化专业教学标准授课。“以工业机器人专业为例，我们引进世界著名机器人制造企业的认证标准，再结合中国实际，组织专家细化成课程，学生学习之后可获得国际认证。”天津机电职业技术学院院长张维津说。

“大连机床集团的天津区域服务中心就在我们学校，有问题的设备送到学校，作为教学案例，由师生一起维修，企业人员也参与教学。先期来培训的印度教师对这种双师型职业教育很认可。”天津轻工职业技术学院院长戴裕崴告诉记者，“我们学校承担建设的新能源类国家级职业教育专业教学资源库也用在了培训中。”

考察了德国、日本的职业教育后，印度金奈理工学院院长最终又回到了中国。他说：“中国的实训设备不逊于德国，教学理念方法有独到之处，形成了适合发展中国家的经济发展道路和职业教育发展道路。”

树立自信，倒逼自己做得更好

在“电脑鼠走迷宫”赛场外，泰国大城府副省长与天津市政府、渤海化工集团相关负责人正在洽谈。“泰国有很多三轮摩托车，我们希望将其改造为新能源车。”泰国鲁班工坊的新能源汽车展示，让大城府副省长有了新想法。

今年2月，泰国政府向吕景泉和天津渤海职业技术学院党委书记芮福宏颁发了“诗琳通公主纪念奖章”。“鲁班工坊的辐射效应正在显现。”泰国大城技术学院院长哲仁说，“几乎每周都有其他国家的人来参观。印度尼西亚学生来培训两周，回国参加国家技能大赛获得了一等奖。”

张维津告诉记者，印度的鲁班工坊还没揭牌，合作企业就从 4 家增加到 8 家，他们将与鲁班工坊签订订单培养协议，毕业生优先就业。

“别人是跟着企业走出去，我们是带着企业走出去。”刘恩丽说，“天津二商集团的酱油、茶叶、红酒等优质产品都会随着中餐烹饪课程一起带到英国。中餐本身就蕴含着中国传统文化，我们的鲁班工坊还设置了‘津门三绝’的永久展台。”

“我们的职业教育真好到非要去帮助别人了吗？并不是。”对此，吕景泉有着清醒的认识，“建鲁班工坊，一方面是帮助职教树立自信的过程，另一方面也是倒逼自己克服不足，促进职教内涵发展的过程。参与鲁班工坊建设的学校在国际交流合作的过程中，在专业教育改革、师资队伍建设、产教融合深化等方面都取得了突破性发展。”

对此，刘恩丽感受很深。在和英国人打交道的过程中，她体会到英国职业教育的严谨和规范：“800 个学时，哪些用于讲理论，哪些用于实践，一旦定下来，绝不能随意更改。这种严谨与质量密不可分。”

“要让接受培训的外国教师达到我们的要求，回国还能按照要求去授课，这比教普通学生难得多。我们的教师要做大量准备，对专业教学水平有极大促进。”戴裕崴说。据了解，天津渤海职业技术学院、天津轻工职业技术学院、天津机电职业技术学院都完成了相关专业的国际化专业教学标准和双语教材开发。

鲁班工坊带来的还有各国匠人的惺惺相惜和浓厚情谊。尹杰告诉记者：“我们的中文名字都是中国老师尹晓东给起的，私下里，我们叫他‘尹爸爸’。我希望毕业后也成为一名职业学校的教师，把在中国学到的技能教给泰国学生。”

第一个海外“鲁班工坊”在泰国正式投入运营[1]

撰文 / 冷珊珊

近日，由天津渤海职业技术学院在泰国大城技术学院建立的“鲁班工坊”正式投入运营。中国天津与泰国国家领导人和嘉宾以及 21 所高职院校和马来西亚、印度尼西亚两个国家 3 所高职院校校长及师生代表，企业界代表出席活动并见证了这一重要历史时刻。

“鲁班工坊”以工程实践创新项目为核心理念和主线，分为四个区域，分别是仿生机器人学习体验区、电脑鼠走迷宫学习竞赛区、POWERON 创新套件实训区、自动化生产线教学区。另外，还配置了两间中泰教师教研场所。工坊内的设计充分反映中国职业教育改革创新示范区建设的现代教学组织理念，突出天津职业教育校企合作、国际合作内涵性成果，呈现“互联网 +”现代智能制造的教学载体应用。同时，通过开展国际邀请赛、对抗赛和友谊赛等方式，培养和选拔优秀技术技能人才。“坊内”的设计背景、摆件、音乐等也都充满中国元素，更加突出了中国职业教育的特色；“坊外”还配备了全国职业院校技能大赛主赛区使用的天津产新能源和充电桩等整套服务装备。

在今后开展的教学中，该“鲁班工坊”将选用《工程实践创新项目教程》国际化双语教材，并根据泰国大城技术学院专业特点共同开发教学项目并组织实施；遴选泰国职业院校专业骨干教师，由中国选派教师实施技术培训和现场指导，特别是通过视频教学系统和国际化微课程网站平台，双方师生的互动交流和教学研讨将成为常态；通过“鲁班工坊”，还将培养出一批优秀的双语“双师”团队，努力提高教育教学管理国际化水平，并开发国际化培训课程。

在揭牌仪式上，苟利军和布拉雍共同为“鲁班工坊”揭牌，并为“鲁班工坊”网站点击开通，通过视频还与国内渤海职业技术学院工程实践创新项目体验中心现

1 该文摘编自《求贤》杂志，2016 年 3 月。

场进行了实时互动，吕景泉向大城技术学院赠送了《工程实践创新项目》国际化双语教材，与会领导还一同参观了“鲁班工坊”的教学设施。

天津渤海职业技术学院在泰国大城建设的“鲁班工坊”是我国在海外设立的首个职业教育领域的“孔子学院”。它的成立，标志着天津市作为国家现代职业教育改革创新示范区，围绕“一带一路”倡议，配合中国装备“走出去”和国际产能合作，正式启动把自己的优秀职业教育成果输出国门与世界分享计划实施，并搭建起天津职业教育与世界对话、交流的实体桥梁。同时，更标志着天津职业教育的国际化发展已经开启从中低水平国际交流合作迈向中高水平国际交流合作的发展新阶段。

一、搭合作平台　育技能人才

经过 8 个小时左右的飞行，终于抵达曼谷机场。当走出机场大厅，热浪阵阵袭来，但等候已久的泰国大城技术学院哲仁院长一行为我们献上的茉莉花、玫瑰花串成的幸运花（当地招待客人的习俗）所发出的香味打消了浓浓的暑气。

从曼谷机场驱车 70 多千米，便来到大城技术学院。大城技术学院具有悠久的历史和文化底蕴。它原坐落于大城府大象营，原校址是玛哈玛拉公主的宫殿，公主也是当时的学校领导。

“泰国大城技术学院坐落在具有深厚内涵和经典文化的古都城市，有着良好的教育传统和人文环境，是泰国职业教育院校中一颗璀璨的明珠；中国天津渤海职业技术学院也是一所具有 60 年办学历史的天津市示范高校，在职业教育集团化办学方向、师资力量、教育管理、教学设施、校园环境处于领先水平。”天津市教育委员会副主任吕景泉向本刊记者介绍。

沿着大城技术学院的主路一直前行，左转 50 米便到达“鲁班工坊”所在地。3 个月前，这里还是一片杂乱的空地。如今，232 平方米的室内场地已成为拥有国际最先进设备的工程实践创新项目基地。

“鲁班工坊”是由两所学校本着“友好、尊重、互信、平等”的原则共同联合建设的学生现代技术实践训练基地。这也是迄今我国在国外建设的第一个“鲁班工坊”。天津渤海职业技术学院的专家团队经过近一年的时间，研究实施方案并安排专项资金支持项目。两所学校通过近 6 个月频繁深入地沟通，结合双方专业特点共同开发确定了工坊的教学项目。双方组建了专业团队，经过 3 个多月的昼夜奋战，终于落户泰国大城。

这个现代化技术培训基地，主要以工程实践创新项目为基础进行建设，选用国际最先进的设备，其中包括能力源创新课程套件、电脑鼠走迷宫、仿生机器人和物联网技术四部分，以培养和提高学生的动手实践能力和创新意识。

此外，通过“鲁班工坊”，培训教师和学生参加国际相关竞赛，也为举办国际学生技能大赛创设良好的条件。同时通过“鲁班工坊”为平台，实现中泰教师教育资源共享，搭建师生两国互换交流实习，推动两校之间的职业教育国际合作，培养具备中泰双语能力的工程实践创新人才，促进中泰两国职业教育技能人才交流和教学经验的互通。三月中旬，来自泰国 5 所职业院校的 27 名师生，作为鲁班工坊第一批培训师生到达天津渤海职业技术学院开展为期三个月的培训。

教育部与天津市对此项活动也给予了高度重视。在为时半天的活动中，天津市领导、天津市教委领导为“鲁班工坊”剪彩揭牌并讲话，点击开通了“鲁班工坊”网站，为“鲁班工坊”赠书，并出席了天津渤海职业技术学院与东盟国家高职院校签订交流协议仪式等活动。

在泰国设立“鲁班工坊”得到泰方高度认可和欢迎，泰方还邀请了泰国 21 家高职院校校长和马来西亚、印度尼西亚两个国家 3 所高职院校校长参加。

在现场的采访中，泰国职业教育委员会顾问斯提萨克对本刊记者说：“现在泰国的职业教育处在一个新的转型时期，以前泰国职业教育只是书面教学，很少有实践教学。以后将有更多技术人才到国外进修学习。‘鲁班工坊’的建立将这种方式引入进来，对于培养高技能人才有很大帮助，比如培养和发展专业技师、酒店管理人员和旅游方面相关人员等。”

对此，吕景泉说："希望两校密切合作，进一步完善体制机制，把'鲁班工坊'建设成经典项目和示范项目；同时也希望有更多优秀的院校，加强友好合作，共同建设更多的'鲁班工坊'工程实践创新项目实训基地，加强两国职业教育校际之间师生学习交流，增进两校永远友好，为促进两国经济发展培养更多的高素质技术技能人才。"

二、拓国际视野　唤匠人精神

众所周知，鲁班是中国 2000 多年前一位杰出工匠和发明家，凭借精湛的技术和钻研精神，发明创造了大量的劳动工具，极大地提高了生产效率，被誉为中国土木工匠的始祖，鲁班的名字已经成为中国人民伟大智慧的象征。

在泰国设立"鲁班工坊"就是以鲁班的"大国工匠"形象为依托，将天津市现代职业教育改革创新示范区的优秀职业技术和职业文化，采取职业培训和职业竞赛的方式输出国门与世界分享，搭建起天津市职业教育与世界职业教育交流的平台。

"今后，我们的技术教师和管理人员要定期到现场进行指导，我们还会通过'鲁班工坊'的空中课堂、视频微课，把天津的课堂跨区域地辐射到鲁班工坊。下一步，我们将以建设'鲁班工坊'为契机，积极探索职教国际化发展模式，努力培养具有国际视野和国家化思维的师资，提高教育教学管理的国际化水平，开发国际化培训课程，为两国经济的发展培养更多的本土化高素质技术技能人才。"天津渤海职业学院党委书记芮福宏如此向本刊记者介绍"鲁班工坊"接下来的应用。

"鲁班工坊"以工程实践创新项目为支撑的硬件平台组成，内含四大部分：能力源创新课程套件，实现培养学生创新能力、动手能力、协作能力的综合训练；机器人部分，主要是安全生产、智能生产机器人的应用，救火机器人、防化工泄露机器人、引导机器人、仿生机器人使用和调试等；电脑鼠走迷宫项目部分，将电脑鼠走迷宫项目融入单片机课程中或者相关课程中，培养学生自主创新意识和创新思维；将软件仿真、硬件仿真、实物制作多项功能融合在一起，为培养学生创新能力搭建硬件平台。

教学过程将以中方教师为主，选用优秀“工程实践创新项目”双语教材，根据大城技术学院专业特点开发教学项目并组织实施。

通过“鲁班工坊”，还要培养出一批中外优秀的双语双师团队，在国内举办中国—东盟工程实践创新交流赛中，邀请泰方教师参与评判，泰方也择机举办工程实践创新邀请赛，中方的教师也可以应邀参加裁判工作，争取在教育教学和大赛中展示合作成果。

谈及本次合作的契机和过程，芮福宏向本刊记者回忆道：“天津渤海职业技术学院和泰国大城技术学院有着良好的合作交流基础。近年来，双方进行了多次互访交流。泰国大城技术学院应邀于 2014 年 12 月 15 日至 19 日赴天津渤海职业技术学院参观访问；2015 年 11 月天津渤海职业技术学院对大城技术学院进行了回访，共同研究探索双方交流合作和‘鲁班工坊’建设意向；2016 年 1 月 11 日至 15 日，大城技术学院领导一行赴天津渤海职业技术学院，共同签署了合作意向书，两校将共同创办‘鲁班工坊’。”

最后，芮福宏感慨地说：“在泰国‘鲁班工坊’建设过程中，在天津市教委领导下，各方面专家给予指导和帮助，特别是长期以来支持学生技能大赛，为工程实践创新项目提供支撑的启诚伟业科技公司、圣纳科技公司、东方亨瑞公司和亚龙科技公司，为‘鲁班工坊’提供了先进的设备设施和技术支持。”

三、创天津模式　享职教经验

“鲁班工坊”的教育内容主要包括：基于输入国社会经济发展需求的技术技能培训；中国国家职业资格培训；所在国职教师资培养培训；与天津职业院校同近层次的学历教育。

伴随我国产业的国际化发展，企业产品输出和服务输出不断增加，输入地的技术保障服务本土化需求日益强烈，要求提高输入国技术服务人员的技术技能水平。

“鲁班工坊”结合输出产品和输出服务，采取多种方式，在输入地开展职业教育和技术技能培养培训，这将极大地提高当地的技术服务水平，促进我国企业的服务输出和产品输出。

“鲁班工坊”作为我国职业教育在国外的一种技术技能服务、技术文化传承的交流合作窗口，其建设与发展将直接促进输入国对我国技术技能、企业标准的认知、理解与接纳，提升中国企业在国际上的竞争力，服务国家“一带一路”，以及《中国制造 2025》规划重点产业的国际化布局。

泰国大城技术学院哲仁院长在接受本刊记者采访时说：“首先，我们非常荣幸地参与到中国政府提出的‘一带一路’倡议中。与此同时，泰国大城技术学院有幸成为第一个工程实践创新项目的‘鲁班工坊’。我们承诺将有效地使用‘鲁班工坊’，对泰国和东盟国家的专业技术学生提供他们所需的工程技能和创新技能。”

天津职业教育经过连续 10 年的试验区和示范区建设，基础建设水平得到巨大提升，优势专业和特色专业众多，“十二五”期间开发了 50 个国际化专业课程标准，其中，天津渤海职业技术学院就承担了 5 个国际化教学标准建设任务，具备了一定的职业教育输出能力。

据悉，“鲁班工坊”项目是在教育部职成司指导和支持下，由国家级教学名师、正高级工程师、天津市教委副主任吕景泉教授领衔，并组织天津渤海职业技术学院等组建专业团队研究实施方案。天津渤海职业技术学院高度重视、精心策划、周密部署。学院成立了项目建设领导小组，由书记、院长亲自担任组长，主管教学工作副院长任副组长，10 余位教授、博士为成员，下设项目建设小组负责具体实施。项目领导小组经过一年的时间研究论证“鲁班工坊”项目的实施方案，明确了项目的建设基础、内涵、定位和发展战略，提出了项目建设的指导思想和目标，确定了项目的建设内容和预期成果，制定了项目建设的保障措施。此外，天津渤海职业技术学院深入开展中泰两国职业教育国际交流，也为首个“鲁班工坊”在境外设立奠定了良好的合作基础。

对于天津渤海职业技术学院这支优秀的团队为“鲁班工坊”的付出，哲仁校长特别感激。他说：“鲁班工坊的建设恰逢中国传统节日春节期间，团队成员却依然辛勤地工作。我们虽然语言不通，但我们的想法是一致的。”针对在“鲁班工坊”建设过程中，语言不通这个交流中遇到的最大障碍。对此，哲仁院长说：“我们现在建成了汉语教室，将来希望中泰语言有更多的交流。为了今后职业教育更好的发展，我们计划建立本科汉语教学，以便为中泰职业教育发展做更好的衔接。”

4天后，当我们再次来到曼谷机场，跟哲仁院长一行挥手告别，当他们消失于我们视线中，深深镌刻于我们脑海中的是他们洋溢的热情和灿烂的笑容。

中泰两国职教人的汗水和笑容让我们清晰地看到美好的未来。我们看到，在这里，天津市优秀职业教育成果已经成功输出；在这里，中泰职业教育合作已结出新的果实；在这里，天津市职业教育国际化发展更上新水平；在这里，天津市职业教育与世界对话交流的桥梁已搭建；在这里，将走出更多国际化职业技术人才；在这里，中泰友谊之花将更加灿烂地盛开！

搭建天津职教与世界“对话”舞台[1]

撰文 / 张雯婧

2018 年 7 月 20 日，“鲁班工坊铁院中心”在泰国大城技术学院正式揭牌成立。该中心由天津铁道职业技术学院建立，是我国在海外建立的第一个高铁类技术技能培养中心，通过开展学历教育与培训、技能大赛与设备研发、师资培养与交流，服务泰国、辐射周边国家铁路建设。

随着该中心的揭牌建立，泰国“鲁班工坊”三期建设项目也正式启动。作为我国在海外建立的首个“鲁班工坊”，从 2016 年 3 月 8 日成立至今，泰国“鲁班工坊”走出了一条坚实的发展之路。顺着这样一条特殊的路线，中国职教、中国标准、中国企业走出国门，走向世界……

位于曼谷北边 72 公里处的巴沙河畔，有一座历史悠久的古都，它的名字叫“大城府”。这里曾是泰王朝的古都，至今仍留有许许多多的历史遗迹。

泰国第一大河——湄南河在这里穿城而过。每一天，一艘艘满载货物的轮渡在湄南河上缓慢行驶，这种古老的运输方式仿佛也在诉说着这座古城的一个个美丽的传说。泰国第一条高速铁路——“中泰铁路”目前正在加紧施工。未来，这条高铁也将从这座古城穿过。古老文明与现代文明碰撞下的大城府正在散发着独特的魅力。

而在这座古城的“蜕变”中，由天津市职业院校建立的“鲁班工坊”也留下了浓墨重彩的一笔。

“鲁班工坊”落户大城技术学院
在这里“中国技术”享誉泰国

2016 年 3 月 8 日，由天津渤海职业技术学院在泰国大城府大城技术学院建立的“鲁班工坊”正式挂牌成立。这是我国在海外设立的首个职业教育领域的“孔子学院”。

走进大城技术学院，“鲁班工坊”一期项目就设在校园深处的一栋 2 层教学楼里。在这间占地面积为 232 平方米的“教室”内，设有仿生机器人学习体验区、电脑鼠

1 该文摘编自《天津日报》，2018 年 7 月 25 日。

走迷宫学习竞赛区、POWERON 创新套件实训区和自动化生产线教学区 4 个教学区域。“在这里，无论是学生们使用的教材、实训设备还是教学模式，都来自于天津市。授课的泰方老师也在天津接受过系统化的培训。可以说，我们在专业建设、标准制定、师资培养、课程开发、教材编写、实训条件等方面，对该‘鲁班工坊’给予了整体解决方案支持。我们要培养的就是泰国当地熟悉中国技术、产品、标准的高端技术技能人才。”天津渤海职业技术学院院长于兰平介绍说。

就是在这间 200 平方米的“教室”内，中国技术走进了大城，又走出了大城，并开始享誉整个泰国，甚至东南亚。

今年 20 岁的 Patima Duenyos 是大城学院电气自动化专业的一名学生。出生于“工程师”世家的他，最大的梦想就是有朝一日自己也能成为一名工程师。两年前，品学兼优的他成为“鲁班工坊”的首批学员，在这里学习“机电一体化”。“中国的技术和机器设备，要比我之前学过和使用过的都要先进，而且这里的实训条件非常好，我特别珍惜在这里学习的机会。”经过两年的学习，Patima Duenyos 已完成所有学业，在为毕业做着最后的准备。“我马上要去一家发电厂实习了，在‘鲁班工坊’学习的经历让我的就业之路走得更为顺畅，我希望所学都能用到今后的工作中，我也希望自己能够早日梦想成真。”Patima Duenyos 说。

采访中，天津渤海职业技术学院副院长申奕告诉记者，成立两年来，“鲁班工坊”不仅通过了泰国职业教育委员会（VEC）审评，成为泰国教育行政部门认可的学历教学标准，而且完成了二期建设，面积达到了 1000 多平方米，并新增了物联网 EPIP 实训区、数控车床实训区、新能源汽车教学实训区、新能源汽车维修区 4 个教学实训区和新增物联网技术、数控机床、新能源汽车技术 3 个国际化专业。

“在学校中，学生们都以能够进入‘鲁班工坊’学习而自豪。”大城技术学院院长哲仁说。同时他告诉记者，之所以会这样，是因为在过去的两年中，“鲁班工坊”捷报频传。“这两年，我们的学生在泰国全国性的技能大赛中，取得了十分突出的成绩。同时，学生在东盟第 11 届技能大赛‘自动化生产线’赛项获得有史以来的第一个一等奖。‘鲁班工坊’让大城技术学院‘名声大振’，印度尼西亚、马来西亚、柬埔寨等国家的学生纷纷慕名而来，甚至有其他学校的学生通过‘转学’来到大城技术学院，目的就是能够进入‘鲁班工坊’学习。现在除了本国学生外，‘鲁班工坊’已培训了上千名邻国学生。”哲仁说。

“鲁班工坊铁院中心”揭牌成立
在这里中国高铁技术“标准”走出国门

在完成前两期的项目建设后，2018 年 7 月 20 日，泰国“鲁班工坊”正式进入到三期建设中。同时，由天津铁道职业技术学院建立的“铁院中心”正式落户大城技术学院“鲁班工坊”内。这是我国在海外建立的第一个高铁类技术技能培养中心，通过开展学历教育与培训、技能大赛与设备研发、师资培养与交流，服务泰国、辐射周边国家铁路建设。

据了解，“鲁班工坊铁院中心”位于两层教学楼的整个 2 楼，包括中国高速列车 CRH380B 教学区、空中课堂教学区、中国列车运行控制系统 CTCS 教学区、技能大赛及设备研发区以及高铁运营（沙盘）教学区。“该中心将致力于培养更多熟悉高铁技术、产品、标准的国际型技术技能人才，并逐步形成覆盖泰国全境、辐射东南亚国家的高铁类专业教育网络。”天津铁道职业技术学院院长于忠武说。

走进中国高速列车 CRH380B 教学区，可以看到 CRH380B 模拟操纵培训系统、高铁受电弓模型、动车组模型以及 CRH2 型动车组动力转向架模型等教学设备，“CRH380B 模拟驾驶仿真演练系统的操作台等设备，是按照中国高铁实际运行设备的 1:1 比例制造的。可满足（高铁）动车组检修技术专业动车组检查试验、行车安全装备使用训练、一次出乘作业标准化训练、应急故障处理模拟训练及非正常行车组织训练等教学需求。”于忠武介绍说。

而在空中课堂教学区，交互白板系统和视频会议系统都已经安装完毕，这是国内目前最先进的信息化教学设备之一。“其中交互白板一体机为 153 英寸，包含红外电子白板、智能中控、电脑主机、功放、音箱、高拍仪等功能模块，采用红外线感应触摸技术，支持 10 点触控，方便教师使用。空中课堂教学区可满足两地教学场景实时互连，实时直播教师的视频、语音、课件、板书等，实现双方同步教学。”天津铁道职业技术学院副院长赵学术说。

按照规划，2018 年 9 月底，该中心将建成（高铁）动车组检修技术、（高铁）铁道信号自动控制两个专业，以及中国高速列车 CRH380B 教学区、中国列车运行控制系统 CTCS 教学区、空中课堂教学区，10 月开始招生。未来还将规划建设（高铁）铁道交通运营管理、（高铁）铁道工程技术两个专业，技能大赛及设备研发区、高铁运营（沙盘）教学区、高铁线路维修与养护教学区（室外）。

“作为共建‘一带一路’、开展产能合作的旗舰项目，正在施工中的中泰铁路建设对于促进东南亚沿线国家的经济可持续发展影响深远。高铁的建设和运营需要大量人才，‘鲁班工坊铁院中心’的建立，将直接服务中泰铁路建设项目，正可谓恰逢其时。相信它也将为促进泰国及东南亚高铁技术及产业发展，促成中国与东南亚国家之间的铁路网络提供积极的帮助。”中国驻泰国大使馆教育组负责人宋若云说。

同时，随着“鲁班工坊铁院中心”的揭牌成立，泰国“鲁班工坊”的占地面积从最开始的 230 平方米发展到现在的整栋 2 层教学楼 2000 多平方米，三期建设又新增了（高铁）动车组检修技术和（高铁）铁道信号自动控制两个国际化专业。以“鲁班工坊铁院中心”为平台，天津铁道职业技术学院与泰国大城技术学院、班派工业与社区教育学院等 8 所泰国院校共同组建“中泰高铁职业教育联盟”。“目前，泰国‘鲁班工坊’已成为周边职业院校，甚至是邻国职业教育的资源中心。”大城技术学院院长哲仁说。

搭建与世界“对话”舞台
在这里中国企业走向海外

就在“鲁班工坊铁院中心”揭牌成立的这几天，天津圣纳科技有限公司总经理魏锁库冒着酷暑，奔走在大城的街道上，走访出租车司机，进行市场调研，“2018 年 10 月，我们公司生产的第一批电动汽车将进入大城出租车市场，这也是大城的第一批新能源汽车。未来，天津市的新能源汽车有望取代大城府甚至是泰国的传统出租车。”魏锁库说。

天津圣纳科技有限公司此次与大城府的“联姻”，正是得益于“鲁班工坊”的“牵线”。2017 年，“鲁班工坊”进入二期建设时新增了新能源汽车国际专业，并设立了新能源汽车教学实训区。而该专业的教学标准以及实训标准都是由天津圣纳科技有限公司与天津渤海职业技术学院共同开发完成。随着泰国当地对圣纳科技技术的逐步了解与肯定，最终圣纳科技成为泰国大城新能源汽车改造指定商。

其实，这两年来，通过“鲁班工坊”走出去的中国企业还有很多。天津渤海化工集团有限责任公司所属“七二九”乒乓球体育器材公司将国球装备整体输出与泰国分享，成为泰国国赛用品；承接了空中课堂项目的东方亨瑞科技发展有限公司，注册了国际品牌 MAXHUB，目前已进入泰国市场；圣纳科技、启诚伟业等公司与泰国、越南的职业院校签订科技服务、工程实践创新项目协议……

“鲁班工坊”通过采取职业培训、学历教育等多种方式，在输入地开展职业教育和技术技能培养培训，有力地促进了我国企业的服务和产品输出，提升了中国企业在国际上的竞争力。可以说，在整个“鲁班工坊”建设中，中国企业一直参与其中。“‘鲁班工坊’的成立，不仅为海外职业院校带去了先进的专业教学标准、教学装备、教育理念、教育模式，也把中国技术与中国企业推向了世界的舞台。”天津市教育委员会副主任吕景泉说。

这一次，伴随中国高铁技术走出去的还有天津骥腾科技有限公司。在“鲁班工坊铁院中心”，CRH380B 型高铁模拟驾驶仿真系统、CTCS 仿真演练系统、行车组织模拟沙盘等设备均由“骥腾科技”提供，而且新增的两个专业，也是由该公司配合天津铁道职业技术学院、大城技术学院共同开发建设。“我们把中国最先进的高铁技术带到了泰国，希望可以服务泰国及其周边的产业发展。通过‘鲁班工坊’，世界也可以更加了解‘骥腾科技’，了解中国技术，了解中国企业的风采。”天津骥腾科技有限公司总经理崔鹏说。

泰国“鲁班工坊”是我国在海外建立的第一个“鲁班工坊”。“它的成立，标志着天津市作为国家现代职业教育改革创新示范区，围绕‘一带一路’倡议，配合中国装备‘走出去’和国际产能合作，正式启动把自己的优秀职业教育成果，输出国门与世界分享计划实施，并搭建起天津职业教育与世界对话、交流的实体舞台。同时，更标志着天津市职业教育的国际化发展已经开启从中低水平国际交流合作迈向中高水平国际交流合作的发展新阶段。”吕景泉说。

第二部分

鲁班工坊的建设进程

鲁班工坊的缘起

鲁班——中国劳动人民伟大智慧的象征

鲁班

鲁班是中国 2500 年前一位杰出的“工匠和发明家”，是手工业技艺和发明创造的典范，是建筑、民用等诸多行业的奠基者，被誉为“百工之祖”，如今“鲁班奖”成为我国建筑行业工程质量的最高荣誉奖。鲁班的名字不仅是中国劳动人民伟大智慧的象征，而且代表着精湛高超的技术技能、精益求精的职业素养和不断进取的创新精神和品格。

班墨文化的职业教育思想

习近平总书记指出：“中华优秀传统文化中很多思想理念和道德规范，不论过去还是现在，都有其永不褪色的价值。”班墨文化是中华优秀传统文化的瑰宝、“工匠精神”的本源，“精益求精、创新进取、崇尚科学、心系百姓、胸怀天下、造福人类”是班墨文化最核心的内涵，这也正是鲁班工坊所要弘扬与传承的重要内容。

一、班墨文化对当代职业教育发展具有重要的指导意义

随着社会现代化进程，现代社会的分工极其丰富细化。就业不再是单一取向，而是多样化选择，三百六十行，行行出状元；三百六十行，行行都应做贡献。墨子说“赖其力生，不赖其力则不生”，人人都要出力。习近平总书记到中国政法大学视察时提出：“青年人不要立志做大官，而要立志做大事。”这二者矛盾吗？不矛盾，关键在“立志”二字上。志向应该是做大事，不是说不让做大官，而是说做官也是

为了做事。特别是在职业教育的过程中，更是要弘扬这种精神，全社会要弘扬这种精神，要人人平等，“事事”平等。

教育部职业教育与成人教育司司长王继平来天津调研

教育部职业教育与成人教育司司长王继平提出，当前我国正处在全面推进教育现代化的关键期。我国职业教育要争创“中国特色、世界一流”，一方面要向世界学习，洋为中用；另一方面，还要向古人学习，古为今用。在古为今用的过程当中，要去继承和弘扬班墨文化，要把有益的东西吸收到学校建设中来，吸收到校园文化建设中来，吸收到教育教学中来，吸收到人才培养中来。

班墨文化最根本的思想，就是尊重劳动，尊重劳动人民。我们要建设一种尊重劳动的文化，尊重劳动人民的文化。因此，职业教育要强调实践教育，要“干中学，学中干”，倡导“劳动光荣，技能宝贵，创造伟大”。

二、传承兼爱非攻思想，实现职教国际合作与共赢

兼爱非攻是墨子思想的重要组成部分，这是中国古代人民的政治智慧，也是中华文明的内在基因，是中华文明向世界做出的独特贡献，有别于西方排他性的“非此即彼”思维。“一带一路”的提出和推进正是中华民族崇尚“以和为贵”“天下大同”理念的体现。“一带一路”绝非争权夺利，而是为了合作共赢。正如习近平总书记指出：“‘一带一路’不是中国一家的事，而是各国共同的事业。‘一带一路’建设将沿线国家和地区紧紧联系在一起，坚持和平发展、合作共赢，各国携手前行，同心打造人类命运共同体，共同开创更加美好的未来。”

作为职业教育国际合作交流的平台，“鲁班工坊”的建设目的是使全世界更多的人了解中国职教，认可中国技术，应用中国产品，学习中国技能。鲁班工坊秉持平等合作、开放包容、互学互鉴、互利共赢的精神，坚持共研、共建、共享、共用、共赢的“五共”机制，服务“一带一路”，服务国际产能合作和中国企业走出去，培养高素质的国际化技术技能人才，分享中国职业教育成果和中国特色职教办学

模式。

三、以鲁班工坊为平台，传承大国工匠精神

班墨文化中蕴含着中国的工匠精神，体现出中国匠人执着专注、精益求精、严谨求真、敬业守信、不畏困难、勇于挑战、敢于担当、超越自我、推陈出新等人文精神，是非常珍贵的精神财富和中华优秀传统文化的重要基因。以鲁班、墨子为代表的大国工匠，是中华民族勤劳智慧、科学创新的典范，凝聚着中国智慧，弘扬着中国精神，传播着中国价值。“鲁班工坊”作为一个载体，起着传播和弘扬工匠精神的作用，通过开展班墨文化进工坊，班墨故事进课堂，班墨技艺进实训等系列活动，可以将中国的工匠精神向海外传递，为当地培养具有工匠精神的国际型技术技能人才。

鲁班工坊的提出

在 2010 年教育部与天津市人民政府签署的“国家职业教育改革创新示范区”协议中，明确提出要扩大国际交流与合作，拓展高水平的合作项目，提升职业教育对外援助的国际影响力。2015 年 7 月，教育部与天津市人民政府共同签署共建“国家现代职业教育改革创新示范区”协议。围绕国家发展战略和需求，天津市确定了现代职业教育改革创新的十一项重要建设任务，其中就包括提高职业教育国际合作水平。天津市实施了职业教育国际合作交流促进工程，明确提出了职业教育国际合作交流平台构建计划、职业教育“走出去”战略实施计划、增强国际影响力计划。

2015 年 8 月，教育部职成司王继平司长在同天津市教委副主任吕景泉同志交流时提出，要不断创新职业教育国际合作交流的新思路，坚持“引进来”“走出去”，搭建起职业教育国际合作平台，我国的文化交流有孔子学院，我国职业技术技能也应该走出去，要到“一带一路”的沿线国家，如非洲、阿拉伯、东盟等地办学。这样一句话，说到了天津市教委副主任吕景泉的心里，天津市职业教育是国家现代职业教育改革创新示范区，天津市职业教育的水平已经达到世界水平，如何把握住机会，能让天津市的职业教育走出去呢？王继平同志和吕景泉共同认为鲁班体现了中国古代劳动人民智慧的象征，代表的是技术技能的智慧、匠人匠心的精神，所以将天津

职教的海外合作项目命名为“鲁班工坊”。鲁班工坊的定位是紧紧围绕所在国家的产业和我国“一带一路”建设的需求，以天津市“国家现代职业教育改革创新示范区”优质资源为支撑，以建立院校合作基础上的技术技能人才培养项目机构为载体，以天津市研发的国际化专业教学标准为依据，以工程实践创新项目为教学模式，将中国优质职业教育和中国优质产品技术向合作国输出，培养当地熟悉中国技术、产品、标准的技术技能人才。

2015 年开始，在教育部职成司的指导下，天津市教委的具体策划下，天津市正式启动鲁班工坊的项目研究、方案设计和标准研制工作，2016 年 3 月创立首个鲁班工坊，截至 2018 年，已经先后在泰国、英国、印度、印度尼西亚和巴基斯坦建成了五个鲁班工坊。短短三年时间，鲁班工坊在政府的大力支持下获得了巨大的成功，借助鲁班工坊将我国的国际化专业教学标准、EPIP 教学模式、国赛装备及竞赛标准、先进教学资源等多元素融合其中，在海外落地，实现了中国标准、中国装备、中国方案的整体输出。

鲁班工坊的标识设计与寓意

“鲁班工坊”标识设计采用“天圆地方”的中国传统理念，以圆形和方形为基本图形，用金镶玉的理念设计文字位置。背景采取的是两个图的结合，把阶梯和祥云集合在一起，采用首个鲁班工坊的“标识”，把“中国职业院校和国外学院”用中泰英三种语言环绕在环形里，字体为汉隶，上方是“鲁班工坊”的英文，下方是“鲁班工坊”启动运营时间。环形的上坊是中国院校中文名称，下方是外方学校中文名称，左右两侧分别是中方、外方学校的所在国文字和英文名字。环形和方形之间采用祥云和书籍结合的图案，寓意吉祥和学府气质。该标识于 2016 年 5 月 5 日，获得作品登记版权。

鲁班工坊标识

logo 整体形象融合多种国学元素：

一、金镶玉元素

图案借鉴了奥运金镶玉奖牌的设计理念，环形部分即为金镶玉的“金”部分，中间圆形为金镶玉的“玉”部分，“金”为嵌底，“玉”为嵌件，即寓意了以“金镶玉”为代表的中国传统技艺的输出，又喻示了中国传统文化中的“金玉良缘”，象征两国友好之树常青。

1.“金”部分

环形部分共分为六块，紧密相连，寓意“六合”。贾谊《过秦论》中有云：旷履至尊而制六合，其中“六合”意指上、下和东西南北四方，泛指天下，在本设计中代表全球各国，体现了中国愿与世界各国团结协作、互融共赢的治国方略，也寓意只有世界各国友好为邻，方能催生更多更好的合作成果。

环形部分以中泰英三国文字书写两国、两校名称，如前所述，“金”为嵌底，“玉”为嵌件，“玉”的光华必要依托于“金”的厚重，意指两国、两校为鲁班工坊的诞生提供了丰沃的土壤，暗和“金土地”之意，唯有依托于两国的深厚友谊和深入合作，才能收获职业教育的国际合作交流的硕果。

2.“玉”部分

仍取圆形作为基本图形元素，有“果实”“圆满”之意，寓意两国、两校在职业教育领域合作取得的圆满成功和丰硕成果。此外，“玉”元素借用中国玉文化中“黄金有价玉无价”的传统说法，既寓意着鲁班工坊为职业教育的发展带来了不可限量的前景，是职业教育的“无价之宝”，也表明了职教人“要在有限的平台上创造无限种可能”的信心、决心和干劲。

二、书法元素

1. 字体部分

“鲁班工坊”字样为汉隶字体，字体特征为：取横势，突出横画，横平竖直，给人以雄放洒脱，浑厚深沉之感。“取横势”意在彰显“联合”之意，字体扁宽，恰似展开的双臂，凸显中华文明的博大胸怀。此外，汉隶字体给人以浑厚深沉之感，突出了中华文明的厚重感，意指中华文明博大精深、历久弥新。

字体及 logo 整体采用赭石色，既使整体图案充满厚重感，又暗合中国传统文房文化中的墨色晕染效果，显示了浓厚的文化底蕴。同时也与西方的“赭石原理”相吻合，即西方学者提出的赭石色建筑的质和颜色象征着中产阶层中受过良好教育、具备绅士风度的那群人的精神，低调但有品味，这也恰巧暗合了技术技能型人才即将在“中国制造 2025”的大好形势下逐步成长为“赭石阶层”的美好希冀。

2. 匾额部分

“鲁班工坊”字体写于 logo 正中的竖向匾额上，是 logo 体现中国传统文化的又一个体现。

匾额，是古建筑的必然组成部分，相当于古建筑的眼睛。匾额中的“匾”字古作“扁”字，《说文解字》对“扁”作了如下解释：“扁，署也，从户册。户册者，署门户之文也。”而“额”字，《说文解字》作“額”字。即是悬于门屏上的意思。因此，匾额的准确含义是：悬挂于门屏上作装饰之用，反映建筑物名称和性质，表达人们义理、情感之类的文学艺术形式。

“鲁班工坊”四字匾额，既阐明了建筑物的名称和性质，又寄托了我们对于鲁班工坊长足发展的美好期许。同时，鲁班工坊作为当前中华文明输出的一种重要形式，匾额的元素蕴含了“门户”“宣扬”之意，体现了将中华文明向世界“广而告之”的设计思路。

三、其他文化元素

在 logo 的环形和方形部分之间，层叠有致的图案像一个大写的字母 C，既可以理解为中国“China”的首字母，寓意祖国是海外鲁班工坊的母亲和依托，也可以理解为“结合”——“Combination”的首字母，寓意鲁班工坊的国际合作背景。

logo 中错落层叠的图案融合了祥云、书本、阶梯、滴水檐四种文化元素。

祥云寓意吉祥如意，除对鲁班工坊的长足发展予以美好祝福之外，还暗合 2008 年北京奥运会祥云火炬设计元素，取意“传递”，希望鲁班工坊将会薪火相传，红遍全球。此外，祥云图案又寓意互联网云端，与滴水檐共同寓意“互联网 + 现代智能制造”的美好画卷。

书本取自中国传统文房文化，象征知识和学习，借此寄语走入鲁班工坊的莘莘学子，要注重知识与技能并重，相辅相成，不可偏废其一。

阶梯层叠，取意于高尔基名言：书籍是人类进步的阶梯。但在本设计中与滴水檐元素（详述见后）有机融合，将含义丰富为：知识和技能共同构成人类进步的阶梯。

滴水檐代表中华传统建筑技能，充分彰显了中国古代工匠的智慧，除兼具防水、排水、保护檐头等作用外，还增加了建筑的美观，是中国古代工匠的伟大创造。logo 中的滴水檐元素既展示了古代工匠的奇思妙想和精深工艺，又体现了精益求精的工匠精神，还反映出实用性与美观性兼具的“匠心”，为鲁班工坊的学子们提出了磨炼技能的更高标准。

在上述四个元素中，祥云、滴水檐代表中华传统文化，寓意中国传统文化走出国门，走向世界；书本与滴水檐共存，体现了理论与实践并重的工程实践创新项目教学理念；书本、滴水檐、阶梯三种元素结合，寓意为：不忘本来、吸收外来、面向未来。

鲁 班 工 坊 建 设 历 程

The Construction Process of Luban Workshop

颜色标注：—政策文件 —EPIP —竞赛
—国际化专业 —工坊纪实 —国家战略

2010 年 3 月	教育部与天津市人民政府签订“国家职业教育改革创新示范区”协议，建设唯一的“国家职业教育改革创新示范区”
2010 年 10 月	教育部高等学校高职高专自动化技术类专业教学指导委员会主任委员吕景泉教授带领团队正式启动工程实践创新项目（EPIP）建设计划
2010 年 11 月	在曼谷举行的第八届东盟技能大赛上，以吕景泉教授牵头设计的国赛“自动化生产线安装与调试”赛项成为东盟十国技能大赛指定赛项
2012 年 6 月	天津市承接教育部任务，开发 50 个高等职业教育国际化专业教学标准
2012 年 6 月	首届“自动化生产线安装与调试国际挑战赛”在天津中德职业技术学院举行
2012 年 6 月	首届“自动化工程实践创新国际交流会暨工程实践创新国际挑战赛”在天津举行，欧洲、非洲和东盟相关国家派代表（队）参加
2012 年 11 月	吕景泉教授主编的《工程实践创新项目（EPIP）教程》中文版出版
2013 年 1 月	25 个国际化专业教学标准通过教育部鲁昕副部长为组长的专家组验收
2013 年 6 月	吕景泉教授主编的《工程实践创新项目（EPIP）教程》英文版出版
2013 年 9 月	天津市教育委员会启动 131 个国际化专业教学标准试点班建设工作

2014年9月	吕景泉教授主持的以工程实践创新项目（EPIP）教学模式为重要内容的成果获职业教育领域首个国家教学成果特等奖
2014年9月	泰国职业院校访问团来天津，天津市教育委员会组织11所高职院校与泰方11所职业院校签订校际国际合作协议，天津渤海职业技术学院与泰国大城技术学院成为合作伙伴
2014年10月	在越南河内市举办的第十届东盟技能大赛上，国赛“数控维修”赛项成为东盟十国技能大赛指定赛项
2015年6月	天津市举办首届高职院校国际化专业教学标准说课比赛
2015年7月	《高等职业教育国际化专业教学标准开发与实践》正式出版
2015年7月	教育部与天津市人民政府签订“国家现代职业教育改革创新示范区”协议，启动示范区升级版建设
2015年9月	教育部职业教育与成人教育司指导，天津市教育委员会组建专项研究团队，启动鲁班工坊项目研究、方案设计和标准研制工作
2016年3月	天津渤海职业技术学院在泰国大城技术学院建立鲁班工坊，泰国鲁班工坊是中国首个境外鲁班工坊
2016年5月	首届IEEE电脑鼠走迷宫国际邀请赛在天津举行
2016年5月	天津轻工职业技术学院、天津机电职业技术学院同印度金奈理工学院签订“中印职业教育合作意向书”
2016年6月	天津市第二商业学校在欧洲相关国家遴选鲁班工坊合作伙伴
2016年9月	在马来西亚吉隆坡举行的第十一届东盟技能大赛上，“物联网技术”赛项成为东盟十国技能大赛指定赛项，目前已有三个国赛赛项成为东盟技术大赛指定赛项

2016 年 10 月 机电一体化国际化专业教学标准通过中泰双方院校认可，并启动中泰职业教育研究中心

2016 年 11 月 天津中德应用技术大学与柬埔寨国立理工学院签订合作框架协议

2017 年 2 月 泰国向天津市教育委员会吕景泉教授和天津渤海职业技术学院颁授“诗琳通公主奖章”

2017 年 5 月 工程实践创新项目（EPIP）国际教育联盟在天津成立，致力于 EPIP 教学模式在国际职业教育领域的推广与应用

2017 年 5 月 天津市第二商业学校在英国奇切斯特学院建立鲁班工坊，英国鲁班工坊是中国中等职业学校建立的第一个境外鲁班工坊

2017 年 5 月 工程实践创新项目（EPIP）教学研究中心在泰国成立，致力于推动中泰职业教育理念的交流与借鉴，推广先进职业教育模式

2017 年 8 月 机电一体化国际化专业通过泰国职业教育行政主管部门的评估认证

2017 年 8 月 中餐烹饪专业教学标准经 Qualifi 认证成为英国鲁班中餐烹饪艺术三级学历，并同时获得欧盟认可

2017 年 10 月 天津现代职业技术学院与巴基斯坦旁遮普省技术教育与职业培训局签订巴基斯坦鲁班工坊合作协议

2017 年 12 月 天津轻工职业技术学院、天津机电职业技术学院在印度金奈理工学院建立鲁班工坊，印度鲁班工坊是中国首个在应用型大学建立并分享 4 个国际化专业标准的境外鲁班工坊

2017 年 12 月 天津市东丽区职业教育中心学校在印度尼西亚东爪哇省波诺罗戈市第二职业学校建立印度尼西亚鲁班工坊，印度尼西亚鲁班工坊是第一个在 21 世纪海上丝绸之路首倡之地建设的鲁班工坊

2018 年 1 月	泰国鲁班工坊完成二期建设，建成泰国鲁班工坊渤海中心，新增物联网技术、数控机床、新能源汽车技术 3 个国际专业
2018 年 1 月	鲁班工坊研究与推广中心在天津渤海职业技术学院揭牌启运
2018 年 2 月	印度尼西亚总统佐科・维多多对印度尼西亚鲁班工坊给予高度评价
2018 年 3 月	天津市人民政府《关于推进职业院校在海外设立“鲁班工坊”试点方案》到 2020 年，在海外试点建设 10 个鲁班工坊
2018 年 4 月	天津铁道职业技术学院与吉布提教育部签订鲁班工坊合作备忘录
2018 年 6 月	天津机电职业技术学院、天津商务职业学院、天津医学高等专科学校与葡萄牙里斯本理工学院、莱利亚理工学院及塞图巴尔理工学院签署合作备忘录
2018 年 7 月	天津现代职业技术学院和巴基斯坦旁遮普省技术教育与职业培训局（TEVTA）在巴基斯坦旁遮普省拉合尔市合作建立“鲁班工坊”
2018 年 7 月	泰国鲁班工坊完成三期建设。天津铁道职业技术学院在泰国鲁班工坊建设了铁院中心。泰国鲁班工坊建成“一坊两中心”
2018 年 9 月	天津机电职业技术学院与葡萄牙塞图巴尔理工学院正式签订鲁班工坊合作协议
2018 年 9 月	鲁班工坊上升为国家战略。习近平主席在 2018 年中非合作论坛北京峰会开幕式上提出将在非洲设立 10 个鲁班工坊，向非洲青年提供职业技能培训
未来	葡萄牙鲁班工坊，柬埔寨鲁班工坊，吉布提鲁班工坊，埃及鲁班工坊，埃塞俄比亚鲁班工坊…… 服务“一带一路”倡议，实施“天津鲁班工坊，中国鲁班工坊，世界鲁班工坊”计划

鲁班工坊的创建

泰国鲁班工坊

泰国是我国“一带一路”建设的重要节点

泰国，是东南亚“一带一路”沿线的重要节点国家，连接着东盟6亿多人口的市场，区位优势得天独厚，是东盟的物流、贸易和金融中心，也是东盟与中国的天然桥梁。泰国现在已经被全球公认为是一个新兴的经济体和一个新型的工业化国家，随着中泰两国在“一带一路”倡议下深入合作，双边贸易额持续升温，中国已经成为泰国最大的贸易伙伴，是最大进口来源地和最大的出口市场。

泰国

据泰国大城工业联盟总裁叟穆王介绍，泰国提出的未来十大重点发展产业中有六个都是中国鼓励产能输出的行业，泰国 11 个经济特区摩拳擦掌，争建工业唐人街。曾经 80% 的进口材料来源于日本，但如今 60% 来自于中国。

农业、旅游业及相关服务业是支撑泰国经济的主要产业，但随着泰国加快了工业化进程以及出台了一系列的税收优惠政策，使得制造业成为当地发展最快的产业，并成为当地第一大支柱产业。以泰国大城府为例，短短几年时间就建立起 4000 多座现代化工厂，并且主要以汽车制造和电子信息产业为主。

大城府位于泰国中部，由于汽车产业聚集程度高，又被称为东南亚的汽车工厂，在“一带一路”倡议的推动下，如今已有一百多家中资企业在这里投资设厂，建立起了工业唐人街。泰国大城工业联盟总裁叟穆王表示，中国有很多高技术企业，特别是天津市，无论是技术实力，还是企业规模都非常棒，泰国有很好的资源支撑和市场潜力，希望能借助“一带一路”倡议让双方有更多合作。

泰国大城府

中资企业精益电子落户大城工业园地，深挖东南亚市场，短短几年时间，企业销售额就超过了 20 亿泰铢，员工数量达到了 1800 人，但在继续发展中，却始终受制于高素质技能人才的短缺。随着中泰经贸持续升温，中国制造、中国技术和中国标准成为越来越多泰国企业的选择，而这就意味着当地新培养出的职业技能工人，必须跟得上企业装备更新速度，虽然泰国也大力发展职业教育，全国 800 多所职业技术学校，近两百万学生，但依然无法满足企业需求。

据泰国教育部职业教育委员会秘书长阿卡尼·克朗介绍，泰国的学校都在努力改善教学条件，比如从中国引入数控机床、电子元器件等设备，但当地老师很难在短时间内能对中国装备做到精通，也就很难为企业培养出足量的合格职业技能人才。大城府省长布拉雍提出，大城府现在是泰国工业发展最快的地区，迫切需要把天津市领先的职业教育经验复制到这里，培养出一大批高素质职业技能人才，这对于吸引中国和其他国家的企业投资发展是非常有力的支持。

玲珑轮胎泰国有限责任公司厂址

学生参观泰国工厂

天津作为国家现代职业教育改革创新示范区，积极推动与泰国的职业教育交流合作。天津市与泰国开展经贸合作有着稳固的现实基础，与泰国的职业教育合作也有十多年的历史，广泛开展了师资培训、学术研讨、职教论坛、学生互派等交流活动。2013 年 4 月 8 日，泰国诗琳通公主来天津访问，天津市教委副主任吕景泉向诗琳通公主赠送《自动化生产线安装与调试教程》英文版)，诗琳通公主回赠自己出版的画册。2014 年 9 月 12 日，泰国隆财基金会主席、金佛寺副住持帕龙芒克拉攒·赵昆通猜大师携泰国教育部职业教育委员会副秘书长阿伽尼·康善及来自泰国各地的 11 所职业院校校长来到天津市，与天津市 11 所对口职业院校签署合作协议。

天津市教委副主任吕景泉向诗琳通公主赠送《自动化生产线安装与调试》(英文版)，
诗琳通公主回赠自己出版的画册

合作院校——泰国大城技术学院

泰国大城是一座有深厚内涵和经典文化的古都城市。它曾经作为泰国历史上最长久的阿瑜陀耶王朝的首都，有着辉煌的历史，是泰国古文明的重要发源地。泰国大城技术学院始建于 1938 年，坐落于大城府中心地区，是一所办学历史悠久的公办职业教育学院，是全国工业类专业优秀学院，是泰国职业教育联合会长单位，1997 年被授予国王奖。

泰国大城技术学院

泰国鲁班工坊的建设历程

2014 年 9 月，在天津市教委的组织安排下，天津渤海职业技术学院和泰国大城技术学院签署合作协议，奠定了双方合作交流的基础。

天津渤海职业技术学院与泰国大城技术学院签署合作协议

期间，天津市教委副主任吕景泉多次到天津渤海职业技术学院现场调研指导鲁班工坊建设工作。他在就天津市职教示范区升级为国家现代职业教育改革创新示范区相关事宜作专题报告时提出了关于建设鲁班工坊的思路。

2014 年 12 月，泰国大城技术学院来天津渤海职业技术学院交流访问，参观了学院实训基地，对工程实践创新项目之一“电脑鼠走迷宫项目”产生了浓厚兴趣。双方就合作办学达成共识并签署协议。

2015 年 9 月，双方共同参加了中国 · 东盟职业教育论坛。

2015 年 11 月，天津渤海职业技术学院又到大城技术学院进行了回访。与泰国大城技术学院、巴吞他尼技术学院等 21 所学院签署了建立友好校备忘录，签署在泰国共同建立“鲁班工坊”协议。

2016 年 1 月，泰国大城技术学院再次来到天津市，明确了“鲁班工坊”的建设意向，签订了共同建设“鲁班工坊”的合作意向书。

天津渤海职业技术学院与泰国大城技术学院签署鲁班工坊建设协议

首个鲁班工坊的创立

2016 年 3 月 8 日，由天津渤海职业技术学院在泰国大城技术学院建立的“鲁班工坊”正式运行。

天津市政府代表团、泰国金佛寺副住持、岱密中学孔子课堂泰方主席（泰国“一带一路”隆财基金会主席）帕龙芒克拉攒 · 赵昆通猜、泰国大城府省长布拉雍、泰国职业教育委员会顾问斯提萨克、泰国大城市市长叟穆颂、泰国北方商会一区会长素万陆普、泰国大城商会会长姜盖、泰国大城工业联盟总裁叟穆王、泰国职业教育委员会副秘书长阿卡尼特、泰国政策规划部主任皮拉鹏等中泰双方有关领导出席了盛会。

泰国鲁班工坊

在揭牌仪式前，泰方举行了隆重的欢迎仪式。天津市人大常委会副主任苟利军代表中国天津市政府和代表团全体成员，对项目的开业运营和双方的密切合作表示衷心的祝贺，他介绍了天津职业教育作为国家现代职业教育改革创新示范区，是中国职业院校技能大赛主赛场，建设有国家中西部地区职业教育师资培训中心、国家职业教育课程资源开发和制作中心、国家职业教育研究和成果转化中心，具有中国最强的职业教育师资力量。天津渤海职业技术学院与泰国大城技术学院共同建设“鲁班工坊”的落成，揭开了天津市职业技术教育国际交流合作的新篇章，是中泰两国之间职业教育合作结出的最新果实。希望天津渤海职业技术学院与泰国朋友真诚合作，把天津市的经验和技术无私地与泰国师生分享，双方互相学习，逐步扩大合作领域，结合泰国经济发展需要开办更多的课程，不断总结合作经验，以“鲁班工坊”为平台，培养更多优秀的创新型技能人才。欢迎泰国各高校和职业院校与天津市职业教育院校开展多种形式的合作办学，为助力两国经济社会发展做出新贡献！

泰国鲁班工坊揭牌仪式

天津市教委副主任吕景泉代表天津市教育委员会向“鲁班工坊”的建成表示热烈的祝贺。希望两校要密切合作，进一步完善体制机制，把“鲁班工坊”建设成经典项目和示范项目；同时也希望有更多优秀的院校，加强友好合作，加强中泰两国职业教育校际之间师生学习交流，增进两校永远友好，为促进中泰两国经济发展培养更多的高素质技术技能人才。

金佛寺副住持赵昆通猜对中国政府和天津市教育委员会对于大城技术学院建设“鲁班工坊”的大力支持表示感谢，提出泰国将搭建更多的平台，创造更多与中国职业教育交流合作的机会。

大城府省长布拉雍也对“鲁班工坊”落户泰国表示感谢，特别是对从事工程领域的师生和职业学校的学生的大力帮助和支持表示感谢，并期待着有更多的中泰双方合作项目。

与会领导出席了在“鲁班工坊”现场举行的揭牌仪式。荀利军、赵昆通猜、斯提萨克、叟穆颂共同为“鲁班工坊”剪彩、揭牌，并为“鲁班工坊”网站点击开通。

仪式上，天津渤海职业技术学院党委书记芮福宏介绍了学院的发

泰国金佛寺副住持赵昆通猜在欢迎仪式上致辞

展历史和人才培养特色，并表示天津渤海职业技术学院将以建设“鲁班工坊”为抓手，积极探索职教国际化发展模式，努力培养具有国际视野和国际化思维的师资，提高教育教学管理的国际化水平，开发国际化培训课程，为两国经济的发展培养更多的本土化的高素质的技术技能人才。

泰国大城技术学院院长哲仁致辞

泰国大城技术学院院长哲仁表示非常荣幸地参与到中国政府提出的“一带一路”倡议中。泰国大城技术学院有幸建成第一个“鲁班工坊”。承诺在不久的未来，将有效地使用“鲁班工坊”，对泰国和东盟国家的专业技术学生提供他们所需的工程技能和创新技能。

与会领导还通过视频与天津渤海职业技术学院工程实践创新项目体验中心现场进行了实时互动。苟利军主任等领导来到视频前，屏幕呈现出天津渤海职业技术学院工程实践创新项目实训基地场景，现场学院领导、老师和学生代表挥动着中泰两国国旗。天津渤海职业技术学院院长于兰平对各级领导对在泰国建立的“鲁班工坊”的支持指导表示感谢，并表示两校将齐心努力，共同建设、管理、维护好“鲁班工坊”，加强双方师生交流，促进职业教育教学质量，培养更多的高素质的优秀技术技能人才！

揭牌仪式上，吕景泉副主任将200本《工程实践创新项目教程》国际化双语教材赠送给“鲁班工坊”。吕景泉作为“鲁班工坊”的理念的领衔策划和推动者，作为中国高等学校教学名师、职业教育专家和博士，致力于“工程实践创新项目”教学模式的研究和推广，由他主编的《工程实践创新项目教程》国际化双语教材，

天津市教委副主任吕景泉教授将自己主编的200本《工程实践创新项目教程》国际化双语教材赠送给泰国鲁班工坊

受到国际同行专家好评，将被用于“鲁班工坊”的教育教学。仪式后，应印度尼西亚 Atlas Nusantara 工程学院的请求，吕景泉又向印度尼西亚职业院校赠书。

仪式上，在中泰双方领导的共同见证下，天津渤海职业技术学院还与印度尼西亚的高职院校签订了合作交流意向书。

天津渤海职业技术学院院长于兰平与泰国大城技术学院鲁班工坊揭牌仪式现场进行实时互动

在泰国设立的鲁班工坊，得到了泰方高度认可，泰方还邀请了泰国 21 家高职院校校长和马来西亚、印度尼西亚两个国家 3 所高职院校校长参加。泰国国家教育电视台进行了全程现场直播，中国教育电视台、天津电视台，天津日报、天津教育报、天津工人报、今晚报、求贤杂志，天津广播电台新闻台、交通台、经济广播，中国现代职业教育网、泰国每日新闻等媒体对“鲁班工坊”进行了报道，引起了强烈反响，中泰双方有关领导还接受了中泰电视台的采访。

在现场的采访中，泰国职业教育委员会顾问斯提萨克提出，目前泰国的职业教育处在一个新的转型时期，以前泰国职业教育只是书面教学，很少有实践教学。以后将有更多技术人才到国外进修学习。鲁班工坊的设立将这种方式引进，对于培养泰国高技能人才有很大帮助，比如培养和发展专业技师、酒店管理人员和旅游方面相关人员等。

天津渤海职业技术学院与印度尼西亚的高职院校签订了合作交流意向书

泰国鲁班工坊建设的主要成就

天津渤海职业技术学院开发的机电一体化国际专业教学标准与资源，通过了泰国职业教育委员会的审核答辩，纳入了泰国学历职业教育体系。

机电一体化国际专业是根据泰国经济建设的需要和我国“一带一路”倡议的需要，以工程实践创新项目为教学模式，融合了计算机应用、机电一体化、自动化控制专业知识与技能而设立，旨在培养泰国学生掌握机电一体化技术专业基本知识；掌握普通机床、数控机床的结构特点、工作过程；掌握机械设备状态检测与故障诊断和机电设备管理；提升计算机辅助设计与测绘、计算机辅助制造能力，人际沟通与交往能力和团队协作意识；熟悉电气设备的设计维修规范，掌握自动化生产线的调试、维护能力及设计、改造简单机电设备的技能；培养自主创新创业能力。

机电一体化国际专业学生观看机器人表演

该专业学生可从事机电设备(数控设备、自动化生产线等)的安装调试、操作运行、维护维修、技术改造等生产一线工作，将成为熟悉中国技术、中国标准和中国产品的海外本土化技术技能人才。

机电一体化国际专业教育采取同时在中国和泰国开展学历教育和短期培训的形式，教材采用自主编写的中英文双语教材，授课采用中英以及部分泰语的授课方式，授课内容包括数控技术、计算机辅助设计、电脑鼠等多门实践性很强的课程。

2018 年 1 月，按照泰国技术技能人才培养需求，完成了泰国鲁班工坊二期建设——渤海中心建设，建设了“新能源汽车技术国际专业、数控机床国际专业、物联网技术国际专业”。

2018 年 7 月 20 日，泰国鲁班工坊三期工程“泰国鲁班工坊铁院中心”启动仪式在泰国大城技术学院成功举办。泰国“鲁班工坊铁院中心”的建设是以泰国大城技术学院为基础，联合泰国境内 8 所具备高铁专业建设能力的院校，合作开展高铁类专业的学历教育与职业培训，在专业标准、人才培养方案、实训基地、师资队伍、教学资源、留学生、技能大赛、产品研发等方面展开合作，形成覆盖泰国全境、辐射东南亚国家的高铁职业教育联盟。

铁院中心揭牌仪式

铁院中心的建设将分三期进行，目前已经建成中国高速列车CRH380B教学区、空中课堂教学区，完成首期两个专业（高铁）动车组检修技术、（高铁）铁道信号自动控制专业的双语人才培养方案和课程标准编制以及相关双语教材编写；与泰国8所院校签署《高铁职教联盟合作谅解备忘录》；与泰国大城技术学院、天津骥腾科技有限公司签署《技能大赛与设备研发合作备忘录》。

CRH380B 实训教学区

铁院中心教学区

成立中泰职业教育研究中心

自泰国“鲁班工坊”建立以来，受到了中泰两国乃至世界职业教育的关注，为进一步深化“鲁班工坊”内涵建设，双方经过多次协商，在天津渤海职业技术学院建立中泰职业教育研究中心，在泰国建立工程实践创新项目（EPIP）教育研究中心共同推进两国职业教育的交流与发展。

2016 年 10 月 24 日，“中泰职业教育研究中心揭牌仪式”在天津渤海职业技术学院工程实践创新项目体验中心隆重召开。该中心以天津渤海职业技术学院和泰国大城技术学院的“鲁班工坊”为载体，致力于推动中泰职业教育理念的交流与借鉴，推广先进技术教育。由天津市和泰国的职业教育研究专家和学者组成研究开发团队，共同开展中泰职业教育改革发展和政策研究，开发中泰职业教育国际化标准，为中泰职业教育国际化专业建设等提供决策咨询、推广和宣传等服务，开展中泰职业教育学术、教学交流活动，增加中泰职教合作，以达到职业教育对外开放，促进对外输出先进技术，服务“一带一路”倡议。中心将基于泰国社会经济发展的需求进行技术技能培训、泰国职教师资培养培训以及与天津市职业院校相近层次的学历教育。中心在中泰职业教育合作项目的基础上，融入更先进的教学装备，打造鲁班工坊的硬件环境；共同建设优质的双语教学资源，提升人才培养的软实力；在项目建设过程中，着力培养双师双语型师资队伍，提高专业建设和改革的水平，使用先进的教学方法和教学手段，全面提升教学质量；积极探索培养海外职业教育学生培养的方法和途径。

中泰职业教育研究中心揭牌仪式

中泰职业教育研究中心是天津市第一家专门研究中泰职业教育的机构，对于中国高职教育的走出去意义重大，中心的建设将扩大中国与“一带一路”沿线国家的职业教育合作，并为中国高职教育进入泰国出谋划策，为中国高职教育的海外输出提供强大的理论支持。

中泰院校与中方企业签署校企合作协议

中心先后派遣行政管理人员、专职教师 50 人次赴泰国调查研究，和泰国职业教育联盟签署了合作协议，深入调研了泰国大城技术学院、泰国沙拉布瑞、巴吞塔尼等 25 所学校以及泰国职业教育联盟合作的泰国西部数据、SANGARIA 等跨国企业，为研究中心进行中泰教师培训和交流、开发职业资格标准以及课程标准，创新学生培训方式、方法以及教学内容等打下了良好的基础。

目前，中心承担了天津市重点课题《工程实践创新项目在化工教育中的应用》《以“一带一路”为依托，“鲁班工坊”的研究与实践》，在《中国职业技术教育》发表了论文。中心现阶段完成以“工程实践创新项目”为教学模式的国际化机电一体化专业的人才方案的编写工作，完成了《工程制图与 CAD》《电工电子技术》《机器人系统拆装与实训》等多门课程的课程标准建设工作，完成《工程制图与 CAD》《电工电子技术》《可编程控制器原理及应用》等 6 门课程的中央文双语校内教材的编写工作。

中泰职业教育研究中心

英国鲁班工坊

中英国际合作与交流日益增强

英国作为“一带一路”的重要参与方，从发达的国际金融业到成熟的法律、咨询等专业服务业，从知名智库、教育机构到世界一流的科技研发与创新平台，各种优势资源丰富，参与“一带一路”意味着同时打开了中国国内市场和第三国市场的重要机遇。中英关系已经进入“黄金时代”，中英贸易结构互补性强，目前英国稳居中国在欧盟内第二大贸易伙伴的地位，中国是英国欧盟外第二大贸易伙伴。中英通过加强发展战略对接，推进贸易、投资、金融、能源等领域互利合作，已经为“一带一路”合作打下了坚实基础。

英国

在英国，职业教育与学科教育、各级学位教育的地位并驾齐驱，职业教育培养的人才在就业上优势鲜明，拥有英国国家职业资格证书三级 (NVQ3) 的技术工人，平均年薪可达 24 000 ～ 26 000 英镑。相比之下，英国的大学本科毕业生平均不到 25 000 英镑的起薪显得没有很大优势，10 年前，英国全国范围内有大约 6 万名学徒工人，而 2017 年，这个数字已经超过 48 万名。英国政府每年对于职业教育的投入超过 600 亿英镑，每个城市都设有自己的职业学院，中国与英国在职业教育领域有着较大的合作空间。

英国中餐馆

在餐饮行业方面，欧洲地区是全球最大的餐饮消费市场，人均餐饮消费水平处于全球领先地位。英国经济发达，人均收入水平较高，形成了独具特色的餐饮文化，前几年，受欧债危机的影响，餐饮行业收入有一定程度的下滑，从 2013 年开始有所回升，2015 年餐饮行业市场营业收入为 811.4 亿英镑。在英国人的厨房料理台上，中国菜也同样在餐饮业里拔得头筹。英敏特的研究发现有 76% 的异国餐厅或餐饮服务的消费者曾经光临过中国餐厅或外带餐馆。有 78% 的英国人在家里食用过中国菜，而其中有 12% 在一周内至少食用过一次。

根据英国国家统计局数据，英国目前最缺人手的就是餐饮业，而且情况每况愈下，在 2017 年 6 月至 8 月的职位空缺率为 4.3%，去年同比为 3.5%。由此，急需大批的餐饮行业技术技能人才。

合作院校——英国奇切斯特学院

英国奇切斯特学院是一所英国公立综合性职业教育学院，位于英国西萨克塞斯郡奇切斯特市。该学院成立于 1964 年，一直以来以优秀的教学质量闻名全英，居全英 32 所大型国立学院前列。2000 年和 2001 年，英国奇切斯特学院两度荣获了由英国文化协会颁发的“灯塔奖”。2005 年，英国奇切斯特学院荣获“女皇纪念奖”。奇切斯特学院的学生曾连续两年获得世界技术大赛木工金奖，George Callow 获得 2014 的金奖，Woody (Edward) Harringman 获得 2015 的金奖。奇切斯特学院目前已成为英国东南部最大的学院集团（CCG），其校长 Shelagh Legrave 女士被授予大英帝国员佐勋章（OBE），并被任命为西萨克塞斯郡副郡长。

对于在英国建立鲁班工坊项目，英国奇切斯特学院是非常欢迎的，其首席执行官 Shelagh 女士表示，跟天津市的职业院校取得合作，使得英国的学生能够接触、了解和学习到灿烂辉煌的中国职业教育技术和文化，奇切斯特学院将在此良好合作的基础上，与中国职业院校加强交流，不仅仅是分享英国的一些做法，更重要的是多向中国学习职业教育发展的先进经验和优秀成果。

英国奇切斯特学院

英国鲁班工坊的建设历程

2016 年 8 月 17 日，天津市教委副主任吕景泉在天津市第二商业学校调研提出，天津市第二商业学校的定位符合天津职业教育未来的发展方向，希望学校树立“津门烹饪第一校”品牌，在津派、津系、津菜、津艺上创牌子、下功夫，要通过国际合作为现代食品服务业向中高端转化培养高技能人才。期间，天津市教委与天津食品集团、天津市第二商业学校共同确定在英国创立鲁班工坊项目。

2016 年 12 月 14 日，天津市第二商业学校与英国奇切斯特学院在天津举办“鲁班工坊”项目签约仪式。

英国鲁班工坊合作项目签约仪式

通过团队的前期调研论证，形成了“英国鲁班工坊”建设方案，开展技术技能培训、职业资格认定、师资培养培训、学历教育培养、国际化专业课程、国际师生技能大赛等项目合作，突出天津市职业教育国际内涵性成果，培养国际化技能人才，推动两国职业教育交流合作，搭建中英两国学校、企业合作的桥梁。英国鲁班工坊的建设同时得到了天津食品集团的支持，为此学校确立了以中西餐烹饪为发展方向，开展国际合作，带动天津餐饮企业、食品集团企业在海外的市场。

英国鲁班工坊的创立

2017年5月18日，在英国西萨克塞斯郡奇切斯特市，由天津市第二商业学校（天津市烹饪技术学校）和英国奇切斯特学院合作建立的鲁班工坊正式揭牌运行。天津市教委副主任吕景泉教授率由市教委中职处处长狄建明、高职高专处处长杨荣敏，天津食品集团有限公司人力资源部部长张弘，天津市第二商业学校校长刘恩丽、副校长张再谦等组成的中方代表团一行共同出席。英国鲁班工坊的定位是，作为中餐烹饪技术培训基地，突出天津职业教育国际合作内涵性成果，呈现“互联网 +”现代智能烹饪教学载体应用，培养国际化烹饪技能人才，向世界各地提供正宗的中国中餐烹饪技术学历教育和资格培训，提高各地中国餐饮服务行业的水准，介绍中国历史悠久的饮食文化，打造高端的中餐品牌。

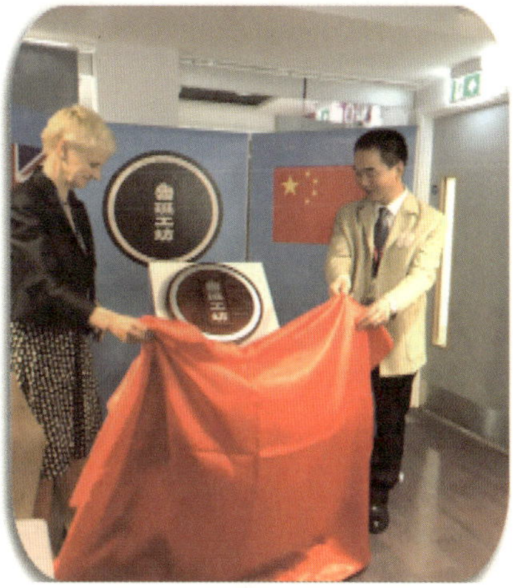

英国鲁班工坊揭牌仪式

英国鲁班工坊

建设成效——中国标准进入英国国家职业教育资格体系

英国鲁班工坊在建设过程中，首先对照英国的标准，创建了中餐专业的国际化专业教学标准，设立中餐热菜制作、盘饰及冷素制作、面点制作、津派面塑、中餐饮食礼仪文化 5 个模块，并将其融合，形成 850 个小时学习资源，由英国权威认证机构 Qualifi 最终核准、颁证，转化为符合英国三级职业教育 (相当于国内中职) 标准的学习资源，成为首例中国职业教育课程被列入英国国家职业教育资格体系 (RQF) 范本，成功创建并输出中餐烹饪教学标准，使之成为欧盟及美国教学依据，本学历课程的教学获得英国政府的财政拨款，16 ~ 19 岁的英国及欧盟其他国家的学生通过自学、空中课堂教学、实训厨房练习、实习餐厅实践进行免费学习。同时，还完成了符合英国教育标准的中餐烹饪职业技术资格证书的审批流程，天津市第二商业学校也成为国内首个且唯一被英国国家职业教育认可的开发、讲授 2 至 8 级学历教育认证中心。

英国鲁班工坊授课

英国鲁班工坊的教学方法采用混成学习法。开发的“英国鲁班中餐烹饪艺术三级学历”是比较典型的跨境教育课程，其实质为在英国教授中国的中餐烹饪课程，考虑到跨境教育的实施成本和中餐烹饪职业技术教育的实操性，和英方共同探索了混成学习的课程设计方案，混成学习又译为混合学习，需要将学习资源数字化，结合网络科技和面对面授课的新型教学形式，运用智能管理学习平台，将课堂的实际学习参与感与学生学习的成效性相结合，真正实现了中餐烹饪的国际化教学。

QUALIFI
APPROVED CENTRE

CERTIFICATE OF CENTRE APPROVAL

THIS IS TO RECOGNISE THAT THE FOLLOWING CENTRE HAS MET THE QUALITY STANDARDS OF APPROVAL

Tianjin No.2 School of Commerce

(Tianjin School of Cuisine)

Centre Reference Number: Q/TSC/0119

Valid From: 24/08/2017

Valid To: 23/08/2020

Jason Goodyear
Chief Executive, Qualifi Ltd

英国 Qualifi 对天津市第二商业学校的资质认证证书

印度鲁班工坊

印度——海陆丝绸之路的交汇点

印度作为南亚地区唯一的地区大国，地处海陆丝绸之路的交汇点。印度在海上丝绸之路上的文化传播影响至深至远，这些从印度、印度尼西亚等国家或民族的形成就可见一斑。近年来，两国通过经贸合作、科技与文化交流等问题加强磋商，取得了积极的效果。印度已连年稳居中国在南亚地区的最大贸易伙伴地位，而中国目前也是印度第一大贸易国。

印度

印度与中国均处于经济高速发展时期。近年来，许多中国企业在印度进行投资。2015 年，引人瞩目的交易有阿里巴巴投资电子商务公司 Snapdeal 与 Paytm、滴滴出行投资打车服务商 Ola 公司。2016 年中国对印度投资的势头更加强劲。根据公开报告，2016 年中国企业向印度企业投资额达 23 亿美元。这明显高于过去 15 年以来中国对印度的投资总额。

印度在法律、经济体制方面的改革卓有成效，地理位置与中国临近，并且人工成本低廉，这些因素使得中印之间经济往来日渐频繁。同时，中印两国正在加紧制定各个领域的双边协议，这会进一步加强两国间的投资关系，特别是在基础设施建设、通信和制造业领域。

印度泰米尔纳德邦的经济规模排名全印度第二（8.4%），工业产值为全印度的11%。主要是基建业，邦内有20个工业园，28个经济特区。其首府金奈地处印度东南沿海，是南印度交通枢纽，印度第四大商业城市和最大的人工港，还是印度南部最大的贸易中心。目前，泰米尔纳德邦正探索新的工业发展模式，从产业集群到工业园区、特别经济区，最终实现包括工业走廊在内的大综合开发区。

但是，泰米尔纳德邦缺电严重。有数据显示，印度12.5亿人口总量中却有近三分之一的人无法用电。印度看到光伏发电的前景和清洁能源的优势，计划建造一个500MW的太阳能发电公园。这个太阳能公园将增加该邦已有的2000MW的运行能力和1500MW的在建太阳能发电能力。

印度泰米尔纳德邦

产业发展，人才先行。数控设备应用与维护、光伏发电技术与应用、机械设计与制造、工业机器人技术等专业的技能人才是印度目前的急需技术人才。

合作院校——印度金奈理工学院

金奈理工学院是一所经印度技术教育委员会(AICTE)批准的技术教育工程学院。金奈理工学院在金奈122家教育机构中排名第12，在526个工程类学校中排名第9，获得过国家2016年度就业安置优秀奖、2017年智能印度黑客马拉松国家级优胜者等奖项。

印度金奈理工学院

印度鲁班工坊的建设历程

印度鲁班工坊是根据印度经济建设发展的需求，以天津国家现代职业教育改革创新示范区优秀成果“工程实践创新项目”为教学模式，融合了天津职业院校开发的四个国际化专业教育标准，由天津轻工职业技术学院、天津机电职业技术学院、印度金奈理工学院，携手浙江天煌科技有限公司、天津启诚伟业科技有限公司、天津圣纳科技有限公司、天津市天锻压力机有限公司、北京三维天下科技股份有限公司等多家企业共同创建的。

天津市教委副主任吕景泉向印度金奈理工学院赠书

天津市教委副主任吕景泉对印度“鲁班工坊”给予了大力支持和指导，并进行了顶层设计。确立印度“鲁班工坊”的建设要伴随国际产能合作和企业走出去，探索国际产教融合新模式，要以天津市国家现代职业教育改革创新示范区的优秀教学成果“工程实践创新项目”为核心理念和教学模式进行建设，分享数控设备应用与维护等四个具有国际水平的专业教育标准。

印度金奈理工学院校长一行到天津职业院校考察

签署“中印职业教育合作意向书”

2016 年 2 月和 5 月，印度金奈理工学院校长 P.SRIRAM 先生一行两次来到天津市考察，了解天津示范区职业院校的办学模式和成功经验，参观全国职业院校技能大赛的比赛现场。

2016 年 5 月 10 日，天津轻工职业技术学院和天津机电职业技术学院，同印度金奈理工学院签署了“中印职业教育合作意向书”，达成共建“鲁班工坊”的合作意向。

访问印度金奈理工学院

2016 年 9 月底，天津轻工职业技术学院院长戴裕崴、天津机电职业技术学院院长张维津一行五人访问印度金奈理工学院，探讨了在印度建设“鲁班工坊”的具体事宜，并达成多项共识。

印度鲁班工坊的创立

印度鲁班工坊启运仪式

2017 年 12 月 8 日，在印度金奈，天津轻工职业技术学院、天津机电职业技术学院与印度金奈理工学院举行了隆重的印度鲁班工坊运营启动仪式，印度政府科技处科学工程研究委员会沙玛博士、金奈理工学院教学主管单位安娜大学领导、印度中资企业代表、中国国内企业代表，金奈理工学院师生 476 人参加启动仪式。

印度鲁班工坊剪彩仪式

天津市教委副主任吕景泉通过视频向启动仪式表示热烈祝贺，提出印度“鲁班工坊”是中国在海外建立的第三个鲁班工坊，其建成标志着两国在职业教育和技术人才培养方面深度合作的开端，具有三个特征：输出最先进的技术技能类的专业教学标准和教学内容；首期建设专业数量最多的一个项目；是两个人口最多的发展中国家在职业技术教育方面重要的合作项目。

向印度鲁班工坊赠书

印度政府科技处科学工程研究委员会沙玛博士、安娜大学研究中心主任贾维尔博士对印度鲁班工坊给予极大地称赞，认为其不仅带动印度先进制造业职业教育与职业培训的发展，同时也为印度引入了新技术的专业教育标准，对提升印度的人力资源水平，促进印度经济发展都将起到积极的推动作用。

天津轻工职业技术学院院长戴裕崴和天津机电职业技术学院院长张维津期望未来印度鲁班工坊的发展过程中，中印三所合作院校及合作企业能够秉持鲁班的工匠精神，共研、共建、共享、共用、共赢，提升师资水平，开展职教研究，保障印度鲁班工坊有效运行，为培养出更多更优秀的具有国际视野、通晓国际规则的技术技能人才而共同努力。

印度鲁班工坊揭牌仪式

同时，天津轻工职业技术学院、天津机电职业技术学院与金奈理工学院签署了深化鲁班工坊合作备忘录，确立

天津轻工职业技术学院、天津机电职业技术学院与金奈理工学院签署了深化鲁班工坊合作备忘录

未来印度鲁班工坊深化合作的主要内容：成立中印职业教育研究中心，开展中印职业教育比较研究，开发专业教育资源，拓展印度鲁班工坊国际化专业教育规模，提高服务中资企业和印度企业的能力；提高师生交流水平，支持印度师生来华，参加全国职业院校技能大赛；扩大职业教育交流与合作，举办中印职业教育国际论坛，等等。

印度“鲁班工坊”的运营启动仪式，受到了印度多家主流媒体的关注，并对运营启动仪式进行了专题报道，引起了极大的社会反响。

印度鲁班工坊的设计

印度鲁班工坊位于印度金奈理工学院内，建设占地面积 1200 平方米，目前重点包括室内的 EPIP（工程实践创新项目）、室外的新能源汽车项目及四个国际化专业（数控设备应用与维护、光伏发电技术与应用、工业机器人技术、机械设计与制造（3D 专业））六部分。

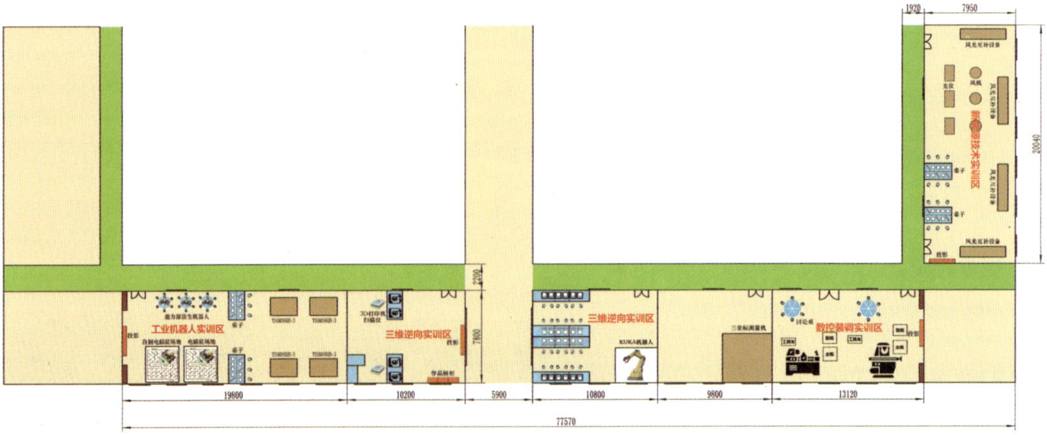

印度鲁班工坊布局图

数控设备应用与维护专业是教育部人才紧缺型专业，国家骨干高等职业院校建设项目重点专业，国家数控设备骨干教师培训基地。该专业建有教育部 FANUC 数

控系统应用中心，承担天津市国际化专业教学标准制订任务，与企业合作在校内建有技术服务中心，与校内数控机床故障诊断与维修实训室等共同构成特色校内实践基地，为鲁班工坊培训、企业技术改造提升项目实施提供有力保障。

数控设备实训室

光伏发电技术与应用专业是中央财政支持的重点专业，天津市“十二五”高水平示范校重点专业，是主持国家级新能源类专业教学资源库项目建设单位，全国能源类专业行指委新能源专指委主任委员单位，是国家新能源类骨干教师国培基地。该专业与天津英利新能源有限公司合作在校内建有 20kW 太阳能电站，与校内光伏组件加工实训室等构成特色校内实践基地。

光伏发电实训室

工业机器人技术专业源于机电一体化技术专业，该专业是全国职业院校装备制造类示范专业，天津市“十三五”办学水平提升项目重点专业。该专业与企业合作共建了教育部工业机器人领域职业教育开放式公共实训基地与国赛对接世赛培训基地。

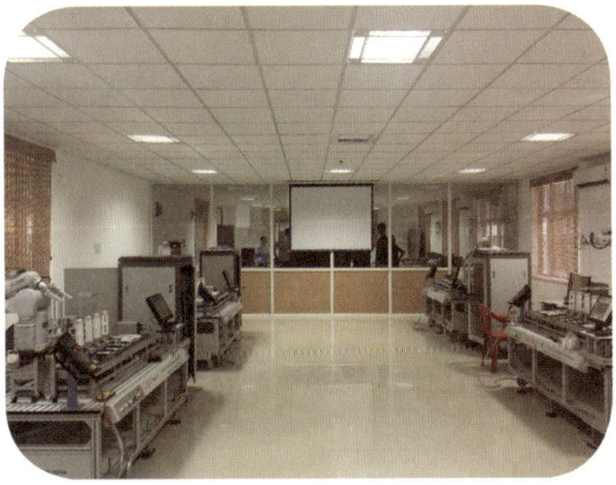

工业机器人实训室

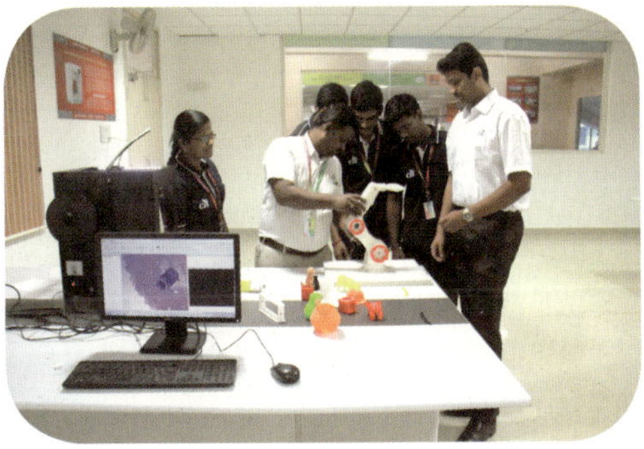

3D 打印

机械设计与制造（3D 专业）是天津市“十三五”优质高职院校建设的骨干专业，是全国机械职业教育教学指导委员会、产教合作促进与指导委员会主办的机械职业院校机械设计与制造 3D 师资培训基地；人力资源和社会保障部职业技能鉴定中心全国计算机高新技术考试模块，全国计算机高新技术考试 3D 打印造型师实训基地。

签约海外中资企业印度鲁班工坊助力中国企业走出去

印度鲁班工坊的建设充分体现职业教育助力企业走出去，服务国际产教融合的职能。在 2017 年 12 月 8 日的启运仪式之后，印度鲁班工坊以四个国际化专业为基础，与中国在印度的国有大型企业中材国际工程印度公司、中国天津市天锻压力机有限公司，上市公司巨轮（印度）私人有限公司，以及科技型企业中天科技印度公司、异龙生物科技（印度）有限公司等多家中资企业签署印度鲁班工坊订单培养意向书，确立了中印国际产教合作关系，这标志着印度鲁班工坊的国际产教融合已经开启。同时，借助印度鲁班工坊，也实现了中国企业、中国产品在印度的推广。

天津启诚伟业科技有限公司

天津启诚伟业科技有限公司，成立于 2006 年，是集科、工、贸一体化的高新技术企业。产品涉足嵌入式、人工智能、无线传感技术等教育教学领域，近年来，伴随着国家新兴产业物联网、智慧制造等新技术领域拓展，启诚科技在教育教学实训设备研发、推广、服务工作方面取得了长足的进步和可喜的成绩。

浙江天煌科技实业有限公司，是集设计、研发、生产和服务的合资高科技企业。拥有约 1500 名员工，专业技术人才超过 70%，科技研发人员 300 多人。公司总部设于“人间天堂”杭州，占地面积 4.8 万平方米。经过多年的发展，天煌科技拥有特别的企业文化，良好的形象，

浙江天煌科技实业有限公司

强大的实力，高质量的产品，优秀的售前售后服务，天煌教仪成为著名品牌，成为中国教育产业的基地。通过ISO 9001认证，产品销往英国、越南、泰国、缅甸、蒙古、日本、巴基斯坦、伊朗和安哥拉等国家。还有国内大学、职业院校和培训中心。

北京三维天下科技股份有限公司，专注于三维数字化技术创新，并将三维数字化技术与实际应用完美结合，并在教育领域、工业制造领域等提出一体化行之有效的解决方案，是国内较早致力于计算机视觉和三维数字化技术研究的企业。

北京三维天下科技股份有限公司

天津圣纳科技有限公司，专业从事教学实训设备、新能源充电桩设备开发、生产、销售于一体的国家级高新技术企业，以天津市国家职业教育改革创新示范区建设为依托，为各中高职、应用型本科院校汽车（含新能源方向）相关专业提供优质配套产品和解决方案。

天津圣纳科技有限公司

江苏汇博机器人技术股份有限公司，专门从事机器人技术研发与产业化国家高新技术企业。多年来公司采取“工业与教育双轮驱动，工业应用、教育装备与人才培养三位一体”的发展模式，将工业应用与教育实训紧密结合。

江苏汇博机器人技术股份有限公司

印度尼西亚鲁班工坊

印度尼西亚——21世纪海上丝绸之路首倡之地

2013年10月，习近平主席正是在对印度尼西亚进行国事访问期间，首次提出建设“21世纪海上丝绸之路”的倡议。印度尼西亚是“一带一路”东盟地区的关键一环。印度尼西亚不仅市场潜力巨大，而且矿产资源丰富，2016年，印度尼西亚与中国贸易总额达457.83亿美元，中国目前是印度尼西亚非油气产品第一大贸易伙伴。

印度尼西亚

印度尼西亚横跨赤道，是沟通亚洲和大洋洲、太平洋和印度洋的交通枢纽，控制着关键的国际海洋交通线。印度尼西亚有“热带宝岛”之称，盛产棕榈油、橡胶等农林产品，其中棕榈油产量居世界第一，天然橡胶产量居世界第二，石油、天然气以及煤、锡、铝矾土、镍、铜、金、银等矿产资源储量丰富。

印度尼西亚是东盟最大的经济体。农业、工业、服务业均在国民经济中发挥重要作用。矿业在印度尼西亚经济中占有重要地位，产值占GDP的10%左右。随着中国对外能源需求的日益增加以及我国加快实施能源多元化战略，印度尼西亚因其拥有众多的矿产资源，成为中国能源来源地的重要选择之一。

印度尼西亚政府当前正在大力推动基础设施建设，正在构思和筹划如何利用

“一带一路”倡议创建一到两个类似于“中国和巴基斯坦经济走廊”的全方位综合经济区，通过在经济区内修建码头、机场、高速公路、铁路、电力和光纤传输等基础设施来吸引外来投资，刺激经济发展。目前，中国企业已经在印度尼西亚参与了多个基础设施建设，开展了包括泗马大桥、风港电站和加蒂格迪大坝等项目。

印度尼西亚东爪哇省位于爪哇岛东部，是印度尼西亚第二大省，在印度尼西亚经济中占有重要的地位。东爪哇是印度尼西亚重要的农业生产基地，其产出占整个国民产出的20%，糖产量占整个印度尼西亚的50%，稻米产量位居全国第二。

东爪哇省共计有约66万个服务业及制造业公司，其中包括14 250个大型及中型公司。东爪哇的战略地理位置决定了该省成为整个东印度尼西亚国内与国际贸易的中心。东爪哇大约有3000种商品销往世界上200多个国家，主要是纺织品、胶合板、鞋类、烟草、家具、纸类及钢铁。

2012年9月，天津市与印度尼西亚东爪哇省签署了友好省市协议书，缔结为友好省市关系。双方在经贸、旅游、教育等领域开展了多项务实合作。

印度尼西亚东爪哇省

合作院校——波诺罗戈第二职业学校

波诺罗戈第二职业学校成立于1984年，先后与奥地利、韩国开展专业建设等国际合作。2011年通过ISO9001认证；2018年学校被印度尼西亚教育部评为“全国技能竞赛”最佳组织奖。

波诺罗戈第二职业学校

印度尼西亚鲁班工坊的建设历程

2016 年 3 月 18 日，天津市东丽区职业教育中心学校受邀参加天津渤海职业技术学院“鲁班工坊”项目建设总结会，确立东丽区职业教育中心学校将代表天津市中等职业学校策划在印度尼西亚筹建“鲁班工坊”计划。

印度尼西亚东爪哇教育局与东丽区职业教育中心学校签订“鲁班工坊”项目建设意向书

2016 年 3 月，印度尼西亚东爪哇省政府高级顾问、天津驻印度尼西亚东爪哇省交流中心主任何奋强带领考察团到东丽区职业教育中心学校考察调研，为中国与印度尼西亚合作搭建平台。

2016 年 5 月，印度尼西亚东爪哇教育局局长塞夫拉赫曼带领考察团到东丽区职业教育中心学校考察，签订“鲁班工坊”项目建设意向书。

印度尼西亚鲁班工坊的创立

2017年12月12日，天津市东丽区职业教育中心学校在印度尼西亚东爪哇省波诺罗戈市第二职业技术学校举行印度尼西亚鲁班工坊启动仪式。

印度尼西亚鲁班工坊揭牌仪式

启动仪式上，天津市教委副主任吕景泉、东丽区副区长张庆岩通过网络视频对该项目的启动建设表示祝贺。吕景泉希望，通过鲁班工坊将天津优质的职业教育成果在印度尼西亚落地生根、开花结果，达到共建、共研、共用、共享、共赢的目的，服务技术技能人才培养和经济社会的发展，把鲁班工坊建设成为“21世纪海上丝绸之路”在职业教育和校企合作方面的一个典范。

天津市教委中职处处长狄建明等领导通过印度尼西亚鲁班工坊空中课堂与揭牌仪式现场互动

张庆岩讲到双方通过鲁班工坊要加强交流合作，提升双方学校教学水平和技术技能人才培养质量，更好地服务当地经济社会发展。东爪哇省教育局职业技术处处长胡迪奥诺、波诺罗戈市副市长苏贾诺、波诺罗戈市第二职业技术学校校长阿里芬分别致辞，表达了对中国－印度尼西亚鲁班工坊项目建成运营的期待之情，以及对天津职业教育给予东爪哇省职业教育的支持和帮

印度尼西亚鲁班工坊剪彩仪式

助表示由衷感谢。

天津市东丽区职业教育中心学校刘萍校长表示，要将“鲁班工坊”建设成培养工匠精神的摇篮，打造德技双修的高素质技能人才的基地。

天津市教委中职处处长狄建明、副处长张峰，东丽区教育局副局长李正午，东丽职教中心党总支书记李鑫、副校长王玉璋等领导，东丽区职业教育中心学校师生代表及有关媒体代表通过网络视频共同见证了这一重要时刻。

刘萍与阿里芬代表双方为鲁班工坊项目启动揭牌。胡迪奥诺、苏贾诺、阿里芬、刘萍、李军以及天津驻东爪哇省交流中心主任何奋强一同为项目启动剪彩。

印度尼西亚鲁班工坊是第一个在 21 世纪海上丝绸之路首倡之地建设的鲁班工坊，以汽车维修技术为主线，分为汽车维修应用智能、新能源汽车、工程实践创新、无人机技术等四个教学区。

印度尼西亚鲁班工坊

印度尼西亚鲁班工坊的发展规划

印度尼西亚鲁班工坊的定位是致力于中国—印度尼西亚产能输出、人文交流、师资培训、技能竞赛、学历进修、国际化专业教学标准开发等方面需求，更好地服务“一带一路”倡议。

因此，启动仪式之后，双方就鲁班工坊后续事宜进行了座谈。双方将在设备运输、教师交流、学生互访、技能竞赛、国际化专业标准认证等方面开展深入交流，并签订备忘录。同时，为了更好地了解印度尼西亚当地的职业教育特点，拓展双方的合作内容，在天津驻印度尼西亚交流中心的安排下，代表团先后拜访了东爪哇教育局、泗水第五职业学校、泗水第三职业学校。先后就“鲁班工坊”课程标准认证、专业设置、实训基地、教师交流、技能竞赛等方面进行了座谈与在未来鲁班工坊建设过程中，双方将围绕国际化专业教学标准、教研活动、学历互认等内容开展务实合作。借助政、行、企、校、研五方优势，成立中国天津—印度尼西亚东爪哇职业教育发展研究中心，探索职业教育国际化合作新模式。另外，还将积极举办 EPIP 国际邀请赛，邀请优秀印度尼西亚学生参加全国中职汽车运用与维修技能大赛等人文交流，实现双方共研、共建、共享、共用、共赢。

印度尼西亚鲁班工坊师生合影

巴基斯坦鲁班工坊

巴基斯坦是中国全天候战略合作伙伴

巴基斯坦是经济快速增长的发展中国家，经济以农业为主，整体经济处于轻工业开发出口阶段，其中制造业占工业重要部分。2013 年 5 月，李克强总理访问巴基斯坦期间，提出要打造一条北起喀什、南至巴基斯坦瓜达尔港的经济大动脉，推进互联互通。

巴基斯坦

2013 年底，习近平主席提出“一带一路”倡议构想，中巴首脑会晤将中巴经济走廊作为“一带一路”的有益补充，战略重要性进一步提升。中巴双方 2014 年 2 月 19 日发表的联合声明指出，中巴经济走廊建设契合两国发展战略，有助于两国发展经济、改善民生及促进本地区的共同发展与繁荣。双方应共同努力，确保中巴经济走廊尽快成形，并取得实实在在的成果。中巴经济走廊建设旨在进一步加强中巴互联互通，促进两国共同发展。

2015 年 4 月，习近平主席对巴基斯坦进行历史性国事访问，将中巴关系提升为全天候战略合作伙伴关系。“中巴经济走廊”成为“一带一路”倡议的重要先行先试项目。

巴基斯坦鲁班工坊位于巴基斯坦旁遮普省省会拉合尔市。旁遮普省是巴基斯坦重要的省份，该省人口占全国人口的60%，GDP占全国GDP的60%，35岁以下人口占全国35岁以下人口的60%。旁遮普省拥有巴基斯坦人口数量、GDP贡献率、工业种类、农业产量等多个“第一”，是巴基斯坦的“超级大省”。省会拉合尔是巴基斯坦第二大城市，是巴基斯坦的文化和艺术中心，是一座有2000多年历史的古城，有“巴基斯坦灵魂”和“花园城市”之称，早在公元630年，中国唐代高僧玄奘曾到拉合尔进行访问，开展文化交流。目前，拉合尔经济迅速发展，已成为拥有千万人口的重要工业中心。拉合尔是纵向联通“中巴经济走廊”的重要接合点，因此，巴基斯坦鲁班工坊的建设对于服务“中巴经济走廊”，服务中巴国际产能合作具有重要意义。

巴基斯坦旁遮普省拉合尔市

合作部门——旁遮普省技术教育与职业培训局（TEVTA）

巴基斯坦旁遮普省技术教育与职业培训局（TEVTA）隶属于旁遮普省政府，TEVTA是拥有400余所开展6个月到3年不同学制不同专业职业培训与学历教育的院校，其中3年制高等职业教育学院共42所。3年制职业教育学生毕业后可进入本科院校学习，服务旁遮普省乃至巴基斯坦工业发展的技术青年全部由其培养。TEVTA围绕电气、电子、机械、土木、化工、建筑、电信、纺织、农业、计算机软件和硬件、时尚和服装设计、美容师、烹饪艺术、陶瓷、皮革、驾驶技术等，对旁遮普省青年学生和适龄劳动力进行技术教育和职业培训，为旁遮普省工业、农业和服务业培养技术技能人才。

巴基斯坦旁遮普省技术教育与职业培训局（TEVTA）

巴基斯坦鲁班工坊的建设历程

巴基斯坦鲁班工坊是继泰国、英国、印度、印度尼西亚之后第五家鲁班工坊，是在天津市教育委员会指导下，由天津现代职业技术学院与巴基斯坦旁遮普省技术教育与职业培训局（TEVTA）合作共建的。

天津市与旁遮普省政府间签署职教合作备忘录

2017年4月28日，天津市教委、市外办领导和巴基斯坦旁遮普省教育代表团到现代学院参观考察并就中巴职业教育合作签署工作会议备忘录，明确由现代学院在巴基斯坦建设鲁班工坊。

2017年5月17日，在旁遮普省省长穆罕默德·夏巴兹·谢里夫的见证下，学院与伊尔凡主席签订了中巴鲁班工坊合作建设框架协议。

2017年10月31日，TEVTA主席伊尔凡再次陪同巴方旁遮普省教育部长马苏德和驻华参赞阿尔法来校参观考察并签订了巴基斯坦鲁班工坊合作建设协议书。

现代学院与 TEVTA 签订共建框架协议

2017 年 12 月，由褚建伟校长带队出访巴基斯坦，根据巴基斯坦工业化发展对技术技能人才的迫切需求，确定在巴基斯坦鲁班工坊一期建设中对接巴方专科层次教育，合作建设自动化生产技术和机电一体化两个国际化专业，并由巴方 TEVTA 学院提供专门的教学实训与专业汉语教学区域。

现代学院与 TEVTA 签订合作建设协议书

2018 年初，天津市教委领导多次听取巴基斯坦鲁班工坊建设汇报并提出修改建议，中巴双方按照鲁班工坊的建设标准和要求反复沟通项目建设方案，确定教学场地布局，制订教学装备方案、研究课程内容设置，在中巴两地院校内同步推动鲁班工坊建设。

2018 年 4 月 18 日，具有鲁班工坊建设里程碑意义的巴基斯坦鲁班工坊 EPIP 师资研修班正式开班。旁遮普省技术教育与职业培训（TEVTA）从旗下 400 余所院校中遴选出 5 名巴基斯坦重点高校硕

褚建伟校长带队首次赴巴考察选址

吕景泉教授为巴方教师讲授第一课

士毕业的专业教师，送到天津现代职业技术学院参加为期 5 周的鲁班工坊 EPIP 师资研修培训。期间，天津市教委副主任吕景泉教授亲自为巴方教师讲授了“EPIP 教学模式”重要一课。巴方教师全面学习了巴基斯坦鲁班工坊 2 个专业 4 个教学模块的实训教学内容，并在参加职教周期间举办的国际师资技能大赛中获得多项优异成绩，圆满完成研修任务。回国后即投入到巴基斯坦鲁班工坊的建设与设备安装调试过程中去，并将作为巴基斯坦鲁班工坊首批专任教师，负责鲁班工坊的正常教学与运营维护。

巴基斯坦鲁班工坊师资团队来天津市学习研修

巴基斯坦鲁班工坊的创立

2018 年 7 月 18 日，当地时间 10 点 28 分，巴基斯坦鲁班工坊在巴基斯坦旁遮普省技术教育与职业培训局（TEVTA）正式启动运营。在巴基斯坦四个省代表团小伙子们欢快歌舞和鲜花簇拥下，天津市教委副主任吕景泉、中国驻拉合尔总领事馆领事杜根起、天津市教委高职高专教育处处长杨荣敏、中等职业教育处处长狄建明，天津现代职业技术学院校长褚建伟、学校相关部门负责人以及中方企业代表，同巴基斯坦旁遮普省工商业与投资部部长尼萨尔、巴基斯坦旁遮普省技术教育与职业培训局首席运营官纳西尔·伊克巴尔·马利克等官员以及巴基斯坦工业协会和巴方媒体共同出席巴基斯坦鲁班工坊启动运营仪式。

中巴政府领导为巴基斯坦鲁班工坊剪裁

天津市教委副主任吕景泉教授与巴基斯坦旁遮普省技术教育与职业培训局（TEVTA）首席运营官纳西尔·伊克巴尔·马利克共同为巴基斯坦“鲁班工坊”揭牌。吕景泉副主任代表天津市政府的教育委员会对巴基斯坦鲁班工坊项目的启动运营表示最衷心和热烈的祝贺。他提出，中国天津经过150年左右的职业教育探索，经过了40多年的国际合作的借鉴和学习，形成了具有中国特色的最好的教学模式、教学方案和教学装备。巴基斯坦的工业、经济振兴离不开职业教育，离不开技术培训，我们与最好的朋友巴基斯坦共同分享中国职业教育的优秀资源和成果，也将全力支持巴基斯坦鲁班工坊项目做成品牌项目，为我们中巴友谊添光增彩。吕景泉教授还向巴基斯坦旁遮普省技术教育与职业培训局（TEVTA）颁发了EPIP国际联盟理事会理事证书，并为巴方鲁班工坊教师赠送《工程实践创新项目教程》。

天津市教委副主任吕景泉为鲁班工坊揭牌

天津现代职业技术学院校长褚建伟致辞

启动仪式上，巴基斯坦鲁班工坊活动现场通过空中课堂与天津现代职业技术学院分会场进行了网络互动，天津现代职业技术学院党委书记霍振朝代表学院致贺辞。借助网络信息技术设立的中巴两地鲁班工坊空中课堂，不仅可以支持现代职业技术学院教师在巴基斯坦鲁班工坊开展视频微课教学，而且也为两地教师在线即时互动提供了平台，使现代学院鲁班工坊学习中心与巴基斯坦鲁班工坊课堂教学同步化得以现实，有力支持了巴基斯坦鲁班工坊的正常教学与运行。

天津现代职业技术学院党委书记霍振朝在分会场致辞

巴基斯坦鲁班工坊揭牌仪式现场

巴基斯坦鲁班工坊的设计

巴基斯坦鲁班工坊坐落于旁遮普省技术教育与职业培训局（TEVTA）总部院内，一期占地约 560 平方米，设立彼此独立又相邻的专业教学实训区和专业汉语培训区两个教学区域，重点建设电气自动化技术和机电一体化技术两个拥有国际化专业教学标准专业。

专业教学实训区按不同教学功能进行“一体两翼”整体化设计。“一体”以工程实践创新项目（EPIP）教学实训区为核心和主体，重点建设能力源创新体验和电脑鼠教学实践区。“两翼”分别为“电气自动化技术—自动化生产教学实训区”和“机电一体化技术—先进制造业教学实训区”，该区域主要用于对巴基斯坦当地青年及企业员工进行学历教育和职业技术培训。

专业汉语培训区占地面积约 150 平方米，配备计算机语音学习系统。培训教学形式采取教师现场教学与网络微课教学相结合方式。天津现代职业技术学院通过开发录制专业汉语教学微课辅助现场教学，满足巴基斯坦学生即时学习需要。教学内容主要是结合专业课教学需要开展专业汉语及职业素养课程培训，使巴基斯坦学生能够熟悉掌握基本专业汉语词汇，了解中国职业教育文化，为择优到中国留学继续深造打下基础。

巴基斯坦鲁班工坊职业技术培训区室内全景

巴基斯坦鲁班工坊的发展规划

巴基斯坦鲁班工坊的发展定位是天津职业教育服务“中巴经济走廊”技术技能人才的桥头堡。巴基斯坦鲁班工坊将汇集天津职业优质教育资源，发挥合作共建单位巴基斯坦旁遮普省技术教育与职业培训局（TEVTA）的政府职能优势，统筹规划全省 400 多所职业院校的教育资源，围绕电气、机械、能源、纺织、建筑等专业不断推广复制鲁班工坊合作模式，开展全方位职业技能培训和专业学历教育的国际合作，为驻巴大型中资企业提供技术技能人才支撑保障；为巴基斯坦青年学生和人民增长技术技能及巴基斯坦社会经济发展做出有效服务。

巴基斯坦鲁班工坊还将在天津市教委支持下，更好地发挥巴基斯坦鲁班工坊的育人作用，探索一年制巴基斯坦留学生培养新模式。凡取得由中巴两国共同认可并联合颁发的鲁班工坊研修毕业证书且具有当地专科学历水平的巴基斯坦青年均可申请此项目，并经天津市教委批准按当年招生计划择优录取。

未来，巴基斯坦鲁班工坊将被打造成中巴职业技术与文化交流的旗舰项目，成为中巴国际合作与交流的新窗口和“中巴职业教育 + 国际产能合作”的新支点。

成立产教协同育人联盟 服务中巴经济走廊发展

启动仪式之后，天津现代职业技术学院、TEVTA 代表巴基斯坦鲁班工坊与巴基斯坦海尔－鲁巴经济区、中国能源建设集团湖南火电巴基斯坦分公司、中国中电方大科技巴基斯坦分公司、巴中贸易促进有限公司和巴基斯坦东方电子有限公司等 8 家中资和当地著名大型企业签订了产教协同育人战略合作协议，在当地成立了第一个产教联盟单位，即巴基斯坦鲁班工坊—产教协同育人联盟。

三方签署产教协同育人战略合作协议

天津市教委领导率团到海尔－鲁巴经济区考察调研

其中，巴基斯坦海尔－鲁巴经济区是中国商务部批准建设的首个“中国境外经济贸易合作区”，也是巴基斯坦政府批准建设的“巴基斯坦中国经济特区”，是中国境外经济区的旗舰项目，经济区产业辐射家电、汽车、纺织、建材、化工等多个产业，2017 年刚刚在经济区内建厂投产的巴基斯坦－北汽福田汽车有限公司在获知鲁班工坊成立消息后，希望与巴基斯坦鲁班工坊建立合作关系。

未来，巴基斯坦鲁班工坊将根据当地经济发展需要，努力发挥好技术技能人才培养桥头堡作用。聚集天津职业优质教育资源，拓展产业服务方向，更好地服务国际产能合作“走出去”中资企业和当地优质企业，努力培育和打造巴基斯坦鲁班工坊旗舰项目，助力我国企业海外事业发展。

产教协同育人联盟企业领导在揭牌现场

第三部分

鲁班工坊的核心内涵

以中外双方共同制定认可的国际化专业教学标准为依据

按照教育部《关于借鉴国外先进经验开展职业教育部分专业教学标准开发试点工作的通知》要求，天津市于2012年、2013年分两批先后遴选了50个紧贴先进制造业、战略性新兴产业、现代服务业等重点领域的专业，开展国际化专业教学标准的开发工作，借鉴国际上先进的教育理念和教育经验，在广泛调研的基础上，梳理国际型企业岗位核心技能，确立了国际化专业人才培养目标，构建工程项目引领的国际化专业课程体系，打造“双语、双师、双能”的师资团队，建设工程实践基地和评价体系。逐步形成完整的与国际企业岗位需求相匹配的、符合国际技术技能人才培养要求的国际化专业教学标准。以国家化专业教学标准为依据，天津市职业院校遴选243个国际化试点班开展试点工作，培养国际化技术技能人才上万人，参加国内外技能大赛获奖100余次，取得显著成效。

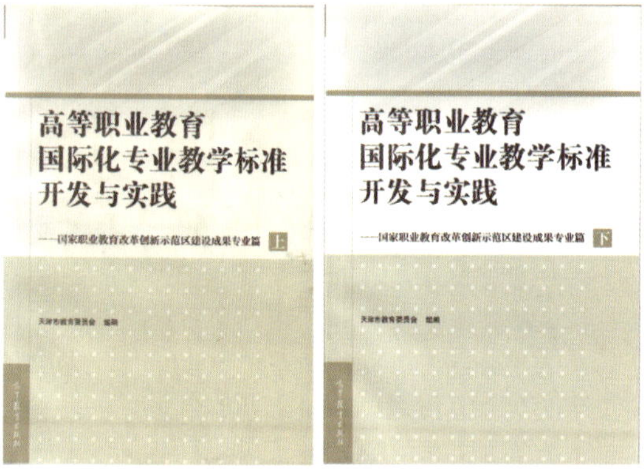

天津市教委编著的《高等职业教育国际化专业教学标准开发与实践》

天津职业院校开发的国际化专业教学标准具有鲜明的特征：

以职业能力标准的国际对接为基础，以跨国企业人才要求为目标，以体现国际发展趋势的专业课程开发为核心，以教学条件的世界水平建设为保障，以国际权威职业资格证书为引领，是瞄准国际先进产业和高水平职业教育的国际互认的突出本土特色和优势的专业教学标准。正是由于国际化专业教学标准具备的这些优势，因此每一个鲁班工坊创建之初都将其作为核心要素。

建设国际化高职教育专业教学标准的学理考量[1]

吕景泉，杨荣敏，汤晓华，周志刚

国际化专业教学标准建设是一个立足国情，学习借鉴国外先进经验的过程，绝不能简单照搬照抄。国际化专业教学标准的建设，需要深入研究其本质内涵，分析其价值定位、设计方法，探索系统化的建设路径和支撑体系。

一、专业教学标准的质的规定性

高水平的产业发展需要高水平的职业教育支撑。走向世界的中国现代职业教育，必然要求具有国际水准、中国特色的职业教育专业教学标准与之匹配。然而，什么标准才是国际化专业教学标准?

1. 对专业教学标准的认识。任何事物都有其质的规定，正是这种内在的、质的规定性，使一个事物区别于另一个事物。专业教学标准也有自己的质的规定性，它是一种在专业教学和专业建设范围内、用于衡量教学质量的客观尺度。作为一种“标准系统”，它必须具备公信力。因此，它又是以科学、技术和教学实践的综合成果为基础，经社会有关方面协商一致制定，由主管机关批准，以特定形式发布的一种规范性文件。一经发布，它将成为该专业教学共同遵守的准则和依据。鉴于此，教育部有关文件给出的界定是:“专业教学标准是开展专业教学的基本文件，是明确培养目标和规格、组织实施教学、规范教学管理、加强专业建设、开发教材和学习资源的基本依据，是评估教育教学质量的主要标尺，同时也是社会用人单位选用高等职业学校毕业生的重要参考。”

2012 年 12 月，教育部公布了《首批高等职业学校专业教学标准（试行）》。该标准涉及 18 个大类 410 个专业，并在各专业的名称、代码、招生对象、学制学历、就业面向、培养目标与规格、职业证书、教学内容、办学条件及教学建议、学习深造建议等十个方面提出了具体要求。

高职专业教学标准是国家教育质量标准之一，也是高职院校进行教学基本建设

1 该文摘编自《中国高教研究》，2014 年第 9 期。

和专业建设的基本标尺。它清楚地反映了培养什么人、怎样培养人的基本要求。在培养目标方面，高职专业教学标准要求高职教育为生产、管理、服务一线培养具有良好职业道德、专业知识素养和职业能力的高素质技能型人才；在课程设置方面，要求高职教育与中职衔接、与职业岗位对接、与个人发展相适应；在教学方式方面，要求高职教育工学结合，推行任务驱动、项目导向等教学模式；在办学条件方面，规定了高职教育专业建设应具备的师资、教学设施等基本条件。

2. 对国际化专业教学标准的理解。一般认为，所谓国际化专业教学标准是指以国内现行专业教学标准为基础，将一些发达国家行之有效、且获得国际公认的专业教学标准适当融入相关专业的教学过程中，以引导学生掌握国际通行的行业规则、技术要求、服务规范，增强学生对跨国企业职业环境适应能力的教学标准。依据上述对专业教学标准的质的规定性的认识，我们可以看到，国际化专业教学标准的定位，与国内先行专业教学标准具有明显的区别。

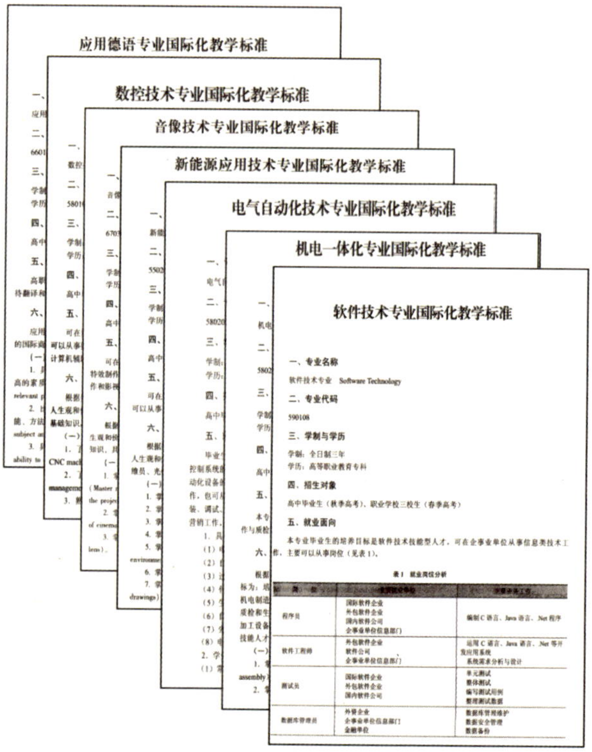

国际化专业教学标准

与原有的专业教学标准不同，国际化专业教学标准是一种更高层次的标准体系。

首先，这是一种瞄准国际先进产业和高水平职业教育的专业教学标准。一般而言，涉及国际先进产业、新兴产业、先导性产业的专业教学标准，应该加以消化吸收；一些国际公认的、成熟的发达国家或国际重要教育组织的专业教学标准，应该消化借鉴，以便向国际高水平看齐。其次，这是一种国际互认的专业教学标准。要赢得国际互认，就应拥有“国际要素”。也就是说，国际化专业教学标准，除从内容到方法都应遵循国际通用规则以外，还应具备广阔的国际视角，既能俯瞰缤纷世界复杂多元的各类“高标准”，又能聚焦其中共同的元素，寻求共同的规律。这是一种突出本土特色和优势的专业教学标准。“民族的才是世界的”，因此，国际化专业教学标准应是尊重人类文化多样性，弘扬本国、本民族职业教育文化优良传统的教学标准。具体说，它应结合我国具体国情，借鉴发达国家职业教育成功经验，进而确定专业教学标准的人才培养目标，决定教育内容的选择及教学模式的选用，最终通过跨文化学习借鉴而形成的、体现中国文化软实力、具有国际竞争性的专业教学标准体系。

二、建设国际化高职教育专业教学标准可借鉴的理论分析工具

不可否认，国际化专业教学标准是衡量我国职业教育能否走向世界的客观尺度，然而，这一标准本身的质量是否符合国际要求，又怎么加以度量？我们认为，除了要以科学发展观为指导外，还需要以一些理论为分析工具，从观念、整体设计、实践操作等层面对标准本身及其建设过程进行综合的价值判断。

1. 在观念层面，要体现文化软实力。说到底，职业教育的发展是一种文化的发展；建设国际化高职专业教学标准是一种职教文化的全球竞争，体现的是一个国家的职教文化实力。因而，以文化软实力理论为分析工具来讨论这一标准及其建设过程，有助于我们判断其现实价值和发展趋势。

文化“软实力”（Soft Power）概念由美国哈佛大学教授约瑟夫·奈于 20 世纪 90 年代提出。他在 2004 年出版的《软实力——国际政治的制胜之道》一书中对软实力理论作了较为完整的阐述。他认为，一个国家的综合国力既包括经济、科技、军事实力等“硬实力”，也包括以文化、价值观、政治观和政策吸引等构成的“软实力”。该理论的核心是强调“软实力”的发挥，特别是通过价值观的影响去吸引、引导人们的观念和行为。依据软实力理论，建设国际化高职专业教学标准无疑是凸

显国家职业教育软实力的重要环节。当前，党和国家已经把提升国家文化软实力作为实现中华民族伟大复兴的新的战略着眼点。从这个视角看问题，首先我们会发现国际化高职专业教学标准作为一种高层次的教学质量和专业建设的衡量系统，它不仅会影响国内社会民众对职业教育的价值判断，进而影响职业教育的发展趋向；在国际社会多元文化相互碰撞、融合的背景下，它也将成为我国职业教育质量保障和职教文化软实力的具体体现，成为我国现代职业教育综合实力竞争的品牌标志。其次，要确立文化自信。中华职教文化源远流长，我们要在新的国际环境和新的教育发展使命中学会古为今用，逐步建立起以中华文化为核心的高职教育专业教学标准体系。再次，高职教育要感知世界、融入世界。世界职教文化璀璨多姿，我们要善于取其精华，学会洋为中用，在吸收优秀文明成果中推进我国国际化高职教育专业教学标准建设的特色创新。

国际化专业试点班——飞机制造技术专业国际化专业教学标准开发案例剖析：

● 专业背景：2008 年学校成功竞标空客 A320 技能人才测评与培训中心，将空客 A320 机械装配 M3 模块的“本土化”教学培训资源开发，配合空客公司测评 2000 人、培训 203 人。

● 培养标准：引入德国航空制造业职业培训标准中的 12 项技能范围，借鉴德国汉堡 G15 航空技术学校教学标准，参照企业对培训课程的国际合作元素的编写要求制定专业课程标准。

● 师资队伍：长期聘任德方鲁道夫亚尼（空客德国培训中心经理）专业指导专家，14 名专业核心团队（85% 人员接受过国外专业技术培训），2 名具有航空企业工作背景的专业带头人。

● 教学模式：每门课程以项目为载体、基于工作过程开展教学。

● 教学资源：高标准融入航空标准的实验实训室建设和设备配备；与空客公司合作编写《航空机械安装技术模块 M2/M3》和《航空电气安装技术模块 M2/M3》，并在学校和企业使用。

● 考核评价：融合国际职业考核内容，包括考试课、考查课、职业技能训练课、顶岗实习与毕业设计和职业资格证书要求等注重学生综合能力和素质提升的考核指标。

2. 在整体设计层面，要突出测量和评价。教学质量是指依据一定原理、规则，运用特定的测量工具对教育现象进行数量化描述；教育评价则是依据一定的教学目标，运用一切有效可能的技术手段，对教育活动的效果和影响进行价值判断。一般而言，任何标准的建立，只有通过评价才能获得实际意义。

测量和评价作为一种广泛应用于质量管理的理论和质量认证的手段，引起人们越来越多的关注。目前，各国都在认真考虑将国际公认的质量认证控制体系引入教育领域。美国国家教育测量董事会（the National Council on Measurement in Education，NCME）在每年春天举行的年会上，关于信度和效度的研究报告占很大比重，成为年会的一大特色。

从原理上看，由于教育测量和评价理论是在哲学、心理学、教育学、管理学、教育测量学、教育统计学与系统科学等学科的基础上建立起来的，因此它不仅可以为国际化高职教育专业教学标准建设的质量监控提供理论指南，还可以为专业教学标准本身提供一个综合性的质量考察视角。具体地说：①国际化高职教育专业教学标准建设需要教育测量和评价理论为其监测专业教学标准本身的效度，即保障这套专业教学标准能够准确和有效衡量出它所涉及的相关教学要素的各项特质；②国际化高职教育专业教学标准建设需要教育测量和评价理论为其监测专业教学标准本身的信度，即保障这套专业教学标准在各种使用环境和条件下的可信和可靠程度；③国际化高职教育专业教学标准建设需要教育测量和评价理论为其监测专业教学标准本身的稳定性，即反映职业教育的客观规律对教学实践提出的共同要求，保障这套专业教学标准的内涵在相当一段时间内、在不同国家或地区不会频繁修订和更换，保持相对恒定。

3. 在实践操作层面，要强调系统性。1968 年，美籍奥地利人、理论生物学家 L.V. 贝塔朗菲(L. Von. Bertalanffy）发表专著《一般系统理论基础、发展和应用》（*General System Theory*：*Foundations*，*Development*，*Applications*）。他指出：任何系统都是一个有机的整体，而不是各系统的共同的基本特征。他用亚里士多德的“整体大于部分之和”的名言来说明系统的整体与要素之间的关联与协调性。毫无疑问，建设国际化高职教育专业教学标准是一项系统工程，应当遵循一般系统理论的基本原理。也就是说，我们在建设国际化高职教育专业教学标准的过程中，要从多个层次、多个侧面探讨专业教学标准系统的整体性，研究系统的结构与功能，探究系统、要素、环境三者的关系，并用优化系统的观点看问题。例如，在讨论具体的专业教学标准的度量基准时，一方面应以“适度够用”为基础，充分尊重学科知识的整体性，不仅不能人为割裂其中的联系，相反还要尽量通过教学留下知识链接的线索，以便为学生的自主学习打好基础；另一方面应充分尊重操作技能的形成规律，循序渐进而不是突击强化地开展实训教学。

在讨论专业教学标准的整体结构时，要突出职业教育为现代产业服务的主题，特别关注教学要素与实习实训环境之间的关系，关注专业建设与产业发展趋向之间的协调互动，注重产教融合、校企结合。

在讨论专业教学标准的衡量与导向功能时，应结合国情，注重与时俱进，紧跟现代产业国际化发展的步伐。一要全面考察现代产业发展的国际潮流，从中筛选出代表未来趋势的案例；二要系统梳理一些发达国家和重要国际组织的专业教学标准，从中遴选出国际公认的专业教学标准；三要深入研究我国的职教传统，从中找出优良的文化基因。只有全方位、立体地考察这些要素，才能保障国际化高职专业教学标准系统的整体功能优化，进而保证该标准体系的先导性。

三、国际化高职教育专业教学标准的建设路径和教学支撑

基于我国经济社会和职业教育发展均处于转型升级时期这一现实，建设国际化的专业教学标准面临两个关键问题，即在建设路径上如何与国际专业教学标准的发展相协调，在教学实践上又如何与之相适应并对其内涵加以支撑。

1. 建设路径分析。国际化专业教学标准的建设路径分析，指基于一定的教育理念，对专业教学标准的国际化内涵和发展指向进行探讨和梳理。当前，我国正由制造业大国向制造业强国转变。在这个过程中，建设国际化专业教学标准具有深刻内涵：宏观上要着力推进建设具有中国特色、世界水平的现代职业教育体系；微观上要着力提升职业教育的专业教学质量，打造有国际影响力的品牌特色专业，培养国际化技术技能人才。正是这种内在的发展需求，要求在专业教学标准的建设发展方向上，转变观念，树立全球化的教育发展理念，既要立足我国职业教育的优良文化传统和

特色，又要注重学习借鉴发达国家的经验与模式，达到办学理念和教学实践与国际先进教育思想融合。

国际化专业教学标准的形成与完善，是一个开放的、动态平衡过程。因此，在建设路径方面，既要求我们围绕区域支柱产业和特色产业发展需求，集聚有实力的学校、行业和中资及外资企业共同参与，合作制定并适时修订；又要体现我国现行的专业教学标准与发达国家或重要国际组织专业教学标准（或类似标准）在核心构成要素方面的协调与融合。依据上海、天津等试点城市部分院校的经验，在以下方面应特别关注与国际专业教学标准的协调、融合：

（1）人才培养目标的协调与融合。一是要积极引进国际通用的专业技术技能人才培养标准，并通过职业院校的国际合作，消化完善这些标准。二是要重视与国际跨国公司和知名企业合作，培养既服务区域经济社会发展，适应产业结构升级要求，能从事生产一线生产、经营、管理工作；又有国际意识，国际文化背景，国际交往能力，国际化知识、能力、素质结构，具备获取国际职业资格证书的实力。

（2）人才培养模式的协调与融合。在师资、课程、教学理念与方法等人才培养要素中，要强调国际视野。要在人才培养模式中，融入德国“双元制”等国际先进人才培养理念；要以国际先进技术应用为导向，强化学生基础知识和基础技能的学习和训练；要突出学生的综合技术技能、职业素养的培养；要坚持工学结合、校企合作共同育人。

（3）专业课程体系的协调与融合。要以国家职业资格标准和国际化专业教学标准为依据、以跨国企业岗位技能要求为导向、以实践创新能力培养为核心，着力构建生产过程无缝对接的课程体系；要强调突出综合实践能力培养，开展课程与职业证书相融合的“双证书”一体化教学改革，鼓励将国际职业资格证书纳入课程框架；要广泛采用项目式课程、学习领域等课程模式，课程体系设计中突出企业实践能力培养；毕业设计要立足为实习企业解决技术上的实际问题，鼓励采用企业生产中的真实课题，真题真做。

（4）教学模式的协调与融合。要坚持在七个维度上向国际先进水平的教学模式看齐。即：坚持实践教学案例的“真度”，将工程案例转换成教学案例；坚持技术应用教学的“深度”，着眼于问题导向教学，训练学生解决问题的能力；坚持实训教学创新空间的“广度”，不仅关注技能训练，更关注关键能力、职业素养的培养；坚持教学资源的“厚度”，为学生的自主学习准备丰富的知识链接；坚持虚拟仿真形式的“效度”，用信息化手段创建高效学习环境；坚持教学与学习过程的“乐度”，从学生的兴趣出发设计教学内容；坚持教材内容的“适度”，使教学和实训内容的难易程度恰当，提倡适度紧张下开展教学活动。

国际化专业课程标准

（5）教学方法的协调与融合。要积极引入国外先进的教学方法，强化教学方法的改革。一是加强教育资源信息化建设，建设共享型、国际化的教学资源库，搭建校企互动的信息化教学平台，开展微课程教学，拓展学生学习空间，促进学生自主学习。二是采用“行动导向教学”“项目教学”“CDIO”等教学方式，加强教学过程的学生主体性及工程实践性。三是提升跨国企业对教学活动的参与度，努力为学生争取跨国企业岗位实践学习机会，提高国际化专业实践教学和技能训练的效率和效果。

2. 教学实践支撑。国际化专业教学标准是高职院校教学实践的重要组成部分。作为教学质量和学生学习能力、实践能力和创新能力的衡量尺度，其作用的发挥，有赖于教学内容、教学团队、教学环境等方面的有效支撑。

（1）国际化课程体系及课程建设。国际化专业教学标准必然是基于国际化课程的标准。因此，它理所当然地要求在现行职业教育课程框架体系内积极引进与专业培养目标相适应的国际职业资格证书课程；要求推进外语教学改革，并根据职业教育的特点，强化听说能力，突出专业应用；要求适当增加国际知识与文化等课程的比重；要求开发多种课程形式，举办跨文化专题讲座、外国语言文化节等丰富多彩的第二课堂活动。

（2）国际化教学团队建设。教师是国际化专业教学标准的实践者其专业素养水平直接决定了专业教学标准的实施成效。因此，必须强化教师团队的国际化建设。具体途径有3个：一是通过国内外进修和培训，提高教师团队的专业技能、教学能力和外语水平；二是通过参与企业项目开发和到企业实习，了解企业的研发及生产过程，提高教师实践能力，打造“双师型”教师团队；三是建设稳定的外籍教师团队，通过中外教师的协同合作，在共同完成核心专业课程双语教学的过程中，提升整个教师队伍的国际化水平。

（3）国际化实训教学环境建设。国际化实训条件是有效落实国际化专业教学标准的必要条件。因此，必须注重与国内外跨国公司和知名企业合作，双方共建操作性强、技术先进、具有示范作用的实训基地，建设具有仿真企业环境的校内实训基地；必须注重紧跟行业企业国际化发展趋势，充分满足专业理论与实践“一体化”教学需要，扩大实训项目的覆盖面。唯有如此，才能把实训基地真正建设成为融教学、培训、职业技能鉴定、技术研发为一体的多功能、开放型的高素质技术技能型人才养成基地，才能使国际化专业教学标准真正拥有“用武之地”。

推进职业教育国际化专业教学标准开发

2013年，天津市教委出台《关于进一步推进职业教育国际化专业教学标准开发工作的通知》，以学习借鉴国外在职业教育专业课程体系建设方面的先进经验与做法为基础，以培养高质量国际化技术技能型人才为核心，以与世界先进行业企业合作为基本途径，创新人才培养模式，全面提高天津市职业教育服务产业的能力和水平，为建立现代职业教育体系夯实基础。

2012年，天津市在12个专业开展了试点，2013年在全市职业教育重点建设的专业中，遴选40个紧贴现代制造业发展重点方向、战略性新兴产业、生产和生活性服务业等重点领域的专业，开展国际化专业教学标准的开发工作。

国际化专业教学标准开发的基本原则

开展国际化专业教学标准开发是培养国际化技术技能型人才的根本和基础。应从国际化培养目标的要求出发，重构课程体系，整合教学内容，确定学生需考取的国际认可的职业资格证书，经过国际化专业教育使学生具备国际化的视野和思维方式，具备可持续发展能力。

开展国际化专业教学标准开发要重点围绕区域支柱产业和特色产业发展需求，以国际先进的职业教育理念和内容进行教学标准开发和建设，积极吸引职业教育和相关产业发达国家的学校、行业、企业共同参与合作。在专业教学标准开发的同时，要在实训条件、教材建设、师资培训、学生交流等方面整体推进。

积极发挥天津市区位优势和资源优势，在现有的专业中开展国际化教学标准的人才培养，在与知名企业合作的基础上，不断将引进的国外优质职业教育资源本土化，充实到一线教学中，边实践边改革，同时加强职业教育国际交流，推动国内外优质职业教育资源互补与共享。

开展国际化专业教学标准开发，要遵循职业教育规律和职业岗位的变化规律，正确处理好需要与可能、数量与质量、近期与长远、局部与整体、特殊与一般的关系，确保中高职教育有效衔接，不断提高教育教学质量和办学效益。

要按照《天津市国际化专业教学标准开发路径》要求，中高职学校共同开展充分有效的调查研究，将达国家政府、行业、企业颁布的职业标准本土化；对照其同类院校开设相似相近专业的教学标准，与现行的专业人才培养方案进行对比、梳理，依据《天津市国际化专业教学标准编制体例要求》，形成全新的专业教学标准。

天津市国际化专业教学标准开发路径

一、开展调查研究

（一）对相关国家同类院校开设的相同或相近专业教学标准进行调研；

（二）对相关国家政府、行业、企业颁布的职业资格标准进行调研；

（三）对国内外国际化水平企业进行人才需求调研；

（四）形成调研报告，其体例要求是：

1. 调研的基本说明：包括调研的目的、对象、方法和方案设计；

2. 行业发展对本专业人才的需求分析：包括国内外企业现状和从业人员结构分析；

3. 行业典型国际化企业对本专业人才需求分析：包括企业对中职毕业生、高职毕业生及应用型本科毕业生的评价与分析；

4. 分析与结果：本专业从业人员岗位能力分析、职业资格证书、职业岗位发展等。

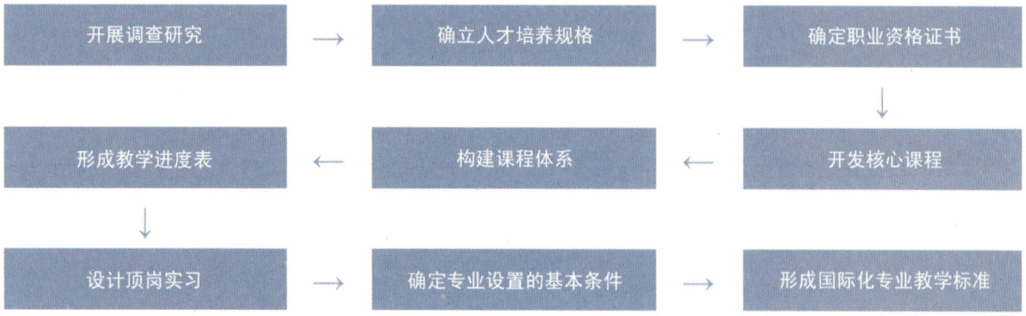

国际化专业教学标准建设路径

二、确立人才培养规格

（一）依据调研结果，确定本专业所面向的主要岗位、岗位群，具体描述工作任务；

（二）依据调研结果，进行岗位职业能力分析，确定学生职业能力培养目标，即学生应具备的知识、能力、素质结构，职业能力目标一般为 5 ～ 6 个，要注意各能力目标描述的准确性、逻辑性；

（三）形成中高职衔接的人才培养规格，分为三种形式描述：3+2 分段培养、5 年制系统化培养、3 年制高职培养。

三、确定职业资格证书

根据学生应具备的国际化职业能力标准确定学生应考取的国内和国际上认可的职业资格证书。要确定考取的主要方式、主考国家或企业、考取的等级及国际上的认可度。

四、开发核心课程

（一）在充分研究、借鉴国际同类高职学院相关专业所开设的课程与教学内容要求的基础上，与国际化行业、企业合作，按照职业岗位要求和职业能力标准，确定课程内容，开发核心课程。

（二）在确定核心课程内容时，要充分考虑课程与工作的匹配程度、课程的理论深度和理论与实践的整合程度，突出学生实践，重视学生的人格培养和文化教育，适应国际化培养的需要。

（三）专业核心课程是课程体系中支撑主要职业能力的课程，要准确描述课程目标、课程内容、教学建议、教学环境及成绩评定。

五、构建课程体系

根据技术技能型专业人才培养目标、岗位需求和前后续课程的衔接，以工学结合为切入点，能够体现职业道德培养和职业素养养成的需要，搭建课程体系框架。

课程体系框架一般由职业基础课程、职业技术课程、职业技能训练课程和职业拓展课程四个层面构成。强化以职业技能培养为主线，要将职业道德与职业素养的教育贯穿始终，强化外语教学，彰显国际化专业的特点，保证课程体系为核心技能培养服务，使学生的专业核心技能在深度和广度上得以全面提高，适应国际分三种学制设计课程体系框架：3+2 分段培养、5 年制系统化培养、3 年制高职培养。

六、形成教学进程表

制定好教学进程表，是学校教学管理中的一项重要工作，是完成国际化人才培养教学任务、稳定教学秩序、保证人才培养质量的前提条件，进程表制定的科学性直接影响着人才培养质量，各校要立足教学实际，在保证完成国家规定的必修课程前提下，科学序化专业课程，形成教学进程表。

七、设计顶岗实习

顶岗实习是国际化专业人才培养的重要实践性教学环节，要认真遴选学生顶岗实习的企业，科学合理地编写实习任务书、指导书(包括任务、内容、要求、完成任务的程序、方法、组织形式、时间分配、经费概算、最终达到的实践能力指标，指导教师与企业带队教师的分工及联系方式等实习任务要恰当，实践教学项目要符合岗位技能要求。

八、确定专业设置的基本条件

(一)确定专业师资队伍配备标准及双语教师要求；

(二)确定校内外实践教学条件的基本要求；

(三)做好教材建设与开发；

(四)与合作企业签订协议，保证学生顶岗实习的落实与质量评价；

(五)考核评价；

(六)教学管理。

以国家级优秀教学成果——工程实践创新项目为教学模式

培养高素质的创新型技术技能人才是职业教育的根本目的，天津市于2008年开始在职业院校中启动工程实践创新项目（EPIP）教学模式改革，经过多年的努力，由国家级教学名师吕景泉教授带领团队创立了工程实践创新项目教学模式，并荣获国家级教学成果特等奖。工程实践创新项目教学模式是在广泛汲取国际先进教育教学思想的基础之上，结合天津市职业教育的发展实际创建的新型教学模式，是鲁班工坊的核心要素。

工程实践创新项目(EPIP)教学模式的内涵

EPIP是工程(Engineering)、实践(Practice)、创新(Innovation)、项目(Project)四个英文单词首字母的缩写。按照工程技术创新的逻辑路径，人们总是先了解学习先前的工程项目，然后进行工程项目实践，在实践中观察、发现问题，最后应用技术技能创新性的解决工程实践问题。“工程实践创新项目”（以下简称EPIP）教学模式是以实际工程项目为导引，以实践应用为导向，以创新能力培养为目标，以项目实践为统领的应用型技术技能型人才培养新途径，是指从工程相关知识介绍到实践再到创新的项目单元，由浅入深、由感性到理性，让教学者和学习者了解、体验工程实践创新的教学和学习方式，通过丰富学习者的工程实践知识、经验，提升技术应用能力和实践创新能力，拓展学习者的专业视野，使其内化并形成良好的职业素养。工程实践创新项目教学模式的内涵包括微观、中观和宏观三个层面。

一、课程建设层面的微观意义

工程化。课程中所含的知识、技术（技能）、素养以真实工程为基础。所谓，真实工程就是真实世界，是一个由真实情境、真实问题、真实需求构成的工程和世界。课程中的各种活动不来空的、不来虚的、不来假的，其活动对象是要来源于真实世界，活动目标是服务于真实世界。课程实施主题的确定、项目的设计、内容的选择都要因地制宜地从真实世界中去寻找，其整体就是真实工程（世界）。

实践性。课程的整体过程是理实一体的，是动脑动手结合的，是技术技能学习贯穿的，是为专业核心技术综合应用与核心技能达标服务的。真实工程背景下，实践载体是虚实结合、软硬结合、校内校外结合，实践过程是知技协进、德技并修的。

学而知其用，用而知其所，所而知其在
在而知其代，代而知其原，原而知其衍
工程实践创新项目（EPIP）教学模式的内涵

创新型。要“学而知其用，用而知其所，所而知其在”，这是它的所在和具化。学而知此用，无论是学习知识、练就技能、掌握技术还是熏陶素养，都要以真实应用领域、真实世界为背景，要知道学的东西如何用，用在哪，在真实世界中具体真实存在的形态、位置、作用。创新型，还要“在而知其代，代而知其原，原而知其衍”，这就是它的繁衍和转化。学习中，很多情况是在高仿真、虚拟性的环境下具体的学习，它是一个代替真实世界的情境、抽取要素的载体，是一种代替；但是，教学过程中，教师应该让学生始终知道这个情境代替的是什么，这个载体代替的是什么，而且，要不停地不断地去回到现实、回到真实；并且，利用这个情境，去探索去尝试高于真实的更丰富的工程空间。

项目式。在培养学生基础知识和基本技能的过程中，注重培养支撑终身发展、适应时代要求的关键能力。着力培养学生认知能力，独立思考、逻辑推理、信息加工、学会学习，语言文字应用，学习兴趣和学习习惯。着力培养学生的合作能力，自我管理，与他人合作。着力培养学生的创新能力，激发学生的好奇心、想象力和创新思维，鼓励学生勇于探索、大胆尝试、创新创造。着力培养学生的职业能力，引导学生适应社会需求，树立爱岗敬业、精益求精的职业精神，践行知行合一，积极动手实践和解决实际问题。

二、专业建设层面的中观意义

工程实践创新项目教学模式下的专业建设采用的是“核心技术一体化”专业建设模式。一个专业之所以成为专业，是因为这个专业有着与其他专业不同的固有属性。专业的固有属性是什么？职业院校面对众多的企业针对毕业生进行招聘，各种职业需求和岗位要求，其核心是学生在校的专业学习主要学到了什么专业技术、掌握了什么主要专业技能。

专业的属性是专业的“核心技术和技能”。顶岗实习质量高低、就业对口率水平高低，其实就是顶岗和就业岗位对应专业核心技术的符合程度高低。专业建设有了专业核心技术技能这样一个抓手，许多问题也就迎刃而解了。一个专业应该开设什么样的课程，课程开到多深，知识、技术技能和素养如何进行综合训练都有了依据。

一种专业建设模式的成功实施必须有一整套与之相适应的理论实践教学体系作保障，“四层两段一贯穿”课程体系结构是 EPIP 教学模式下专业建设的重点，其核心是以专业核心技术技能作为工学结合高技能人才培养的主线，三年教学过程分为基础教学、专业教学、专长教学、毕业设计与顶岗实习四个层面；平台学习和主体学习两个阶段，技术技能校内外 EPIP 教学训练始终不断线。“四层两段一贯穿”课程体系结构实现了平台与认知层，专项与核心层，综合与创新层，拓展与实习层的贯穿；以及认知体验启蒙，通识素养熏陶，教学实践载体，工程实践之间的贯穿。

“相互平行、融合交叉”理实课程体系是 EPIP 教学模式下专业建设的又一特点。相互平行是指理论与实践体系的教学计划相互平行，课程流程相互平行；相互融合是指课程学习与技术、技能培养相互融合，理论和实践教学场所、真实项目相互融合，“教、学、做”相互融合，校内学习、企业实习和顶岗锻炼相互融合，知识学习、技能培养和素质养成相互融合；相互交叉是指理论与实践体系的功能相互交叉，“先教－后学－再做”、“先做－后教－再学”、“先学－后做－再教”等教学组织顺序的相互交叉，学用与用学交叉。

三、教学模式层面的宏观意义

教学模式（teaching model）是在一定教学思想或教学理论指导下建立起来的

较为稳定的教学活动结构框架和活动程序。作为结构框架，突出了教学模式从宏观上把握教学活动整体及各要素之间内部的关系和功能；作为活动程序则突出了教学模式的有序性和可操作性。

教学模式包含着一定的教学思想以及在此教学思想指导下的课程设计、教学原则、师生活动结构、方式、手段等。在教学层面的 EPIP 教学模式充分体现了知行合一、学以致用的教育理念：

行是知之始，知是行之成。《墨辩》中，墨子提出三种知识：一是亲知，二是闻知，三是说知。亲知是亲身得来的，就是从“行”中得来的。闻知是从旁人那儿得来的，或由师友传来，或由书本传达。说知是推想出来。“行是知之始”说明，亲知为一切知识之根本。闻知和说知必须安根于亲知方能发生效力。

教学做合一。教学做是一件事，不是三件事。不在做上用功夫，教固不成为教，学也不成为学。教学做合一的理论不是不要书；它要用的书的数目之大，比现在的教科书要多得多。它只是不要纯粹以文字来做中心的教科书，因为这些书是木头刀，切不下菜来。做什么事用什么书。好书，引导人动作，引导人思想，引导人产生新价值。

学以致用，用以促学，以用立学，学用结合。就是要学而知其用，用而知其所，所而知其在，还要在而知其代，代而知其原，原而知其衍。

构建模式，激活现有；真教真做，激发活力。真正的逻辑就是让学生完整地学，让教师完整地教，让教学完整。让政策、理念落地，让过程、评价完整。让学生成为一个完整的人，真实的人。

工程实践创新项目（EPIP）内涵

工程实践创新项目教学模式的相关概念阐释

一、工程

工程是应用有关的科学知识和技术手段，有组织地将某些现有实体转化为具有预期使用价值的人造产品过程；应用型技术技能型人才的工作对象是工程，现有的工程技术则是过去条件和技术能力积淀下来的结果，既有合理的地方，也有需要革新的地方。对于教学者来讲，就是要帮助学生去搭建一个工程技术环境；对于学生来讲，第一步是要学习了解掌握现有的工程技术、构造、流程、工艺，系统地培养一种工程思维和工程素养。目前的职业教育偏重于技能培养，以“练”代替“技术内化”的学习过程，忽视了真实工程的教学内容，忽视了工程思维和工程素养培养是一个渐进的过程。因此在 EPIP 教学模式中，需要建立一个从简单工程到复杂工程的教育环境和载体，来锻炼学生的自主学习能力、分析能力和观察能力。

二、工程实践

应用型技术技能型人才关注解决问题。掌握与应用自然界规律，物化自然界规律，成为技术；人掌握并应用技术形成技能，将技术技能用于工程、工业实际来实现和满足社会需求即工程实践。当学生了解一个工程载体后，如何检验其是否真正掌握其中的技术和技能呢？要解决这一问题就要从实践中来，到实践中去。工程实践可以是利用搭建的工程教育环境和载体，真题真做、真题重做、真题仿做，在实践中学习，在团队中学习。工程实践相比一般技能训练和实习是一种更具职业责任的系统性学习，它将现场工程技术人员的素养要求融入其中。

三、工程实践创新

创新始于问题，源于实践。没有实践，就提不出问题，更谈不上创新。工程实践中总是会遇到各种情况和问题，解决工程问题的过程就是工程实践创新。有了前面的工程实践，创新也有了三种形式和意义：改变、更新和创造新的东西。实践是创新的根本所在，教师应在教学中引导和培养学生的好奇心理，引发学生对工程项目的兴趣，这是唤起创新意识的起点和基础。兴趣是最好的老师，兴趣是感情的体现，是学生学习的内在因素，教学脱离了工程实践，毫无兴趣可言；通过工程项目让学生感兴趣，并自觉地、主动地观察、思考、探究工程项目，才能发挥学生的主观能动性。发现工程项目实践中的问题即质疑的过程，它是以智力多边互动为主的教与学相互作用的教学活动，是创新行为的举措，也是创新学习的方法。

四、工程实践创新项目（EPIP）

项目是为创造独特的产品、服务或成果而进行的工作，也是指一系列独特的、复杂的并相互关联的活动。这些活动有明确的目标，必须在特定的时间、预算、资源限定内依据规范完成。通过 EPIP 统领构建工程技术环境和载体，贯穿工程实践能力、沟通能力、管理能力、团队合作、严谨作风、质量意识、时间意识、成本意识等工程思维和素养培养，进而达成工程实践创新能力的培养。在互联网时代，教师不能只是一个“先知”，而应是引导启发学生学习去掌握、应用技术技能解决工程问题，启发学生的学习兴趣、激活学生的思维、发掘学生的潜能、促进学生的个性发展、培养学生的创造精神和创造能力。

EPIP 是面向未来产业发展要求而进行的教学改革和创新，强调了人才培养目标、课程体系、教学内容、教学方法以及教学评价的整体性改革，EPIP 反映了一种新教学模式的系统、要素、结构、功能关系。

工程实践创新项目（EPIP）教学模式的应用价值

一、EPIP 教学模式有利于应用型技术技能型人才成长

高素质技术技能人才队伍建设，要以技师、高级技师、现场工程师为重点，每个层次的技术技能人才都应在发现、解释和解决实际问题上具备一定的知识和能力，不同层次的区别主要取决于知识和技能的丰富程度，且这个层级梯次也是应用型技术技能型人才的职业成长路径。学生的职业认知是以整体化的形式进行，在工作中需要的知识，必须在具体的工作情境和整体化的工作过程中获得。因此，EPIP 教学

模式以工程为主线，以职位簇所需工程实践能力的培养为核心，构建渐进式的工程实践创新教育环境，是符合应用型技术技能型人才成长规律的。

二、EPIP 教学模式顺应了产业发展对复合型技术技能型人才的要求

在高等职业院校，应用型技术技能型教育都是按照专业领域来进行的。虽然随着工程综合领域的不断拓展与跨界融合，各专业对人文社会学的知识和语言、交流、合作能力的要求日益提高，而且专业之间的融合也越来越多，对学生的培养逐渐由单一的岗位能力向复合的工程能力转变，要求学生具有复合型的职业能力和信息化应用能力，并且要求其对既定的专业能力有全面深入的掌握，而不是浅尝辄止。EPIP 教学模式就是在一个综合的科技环境下进行教学，培养学生解决问题、探索知识和系统思维等方面的能力，这是专业人才必须具备的基本能力；EPIP 是一种团队合作下的探究式学习，提升个人能力、人际交往技能；通过递进式的工程实践创新项目训练，使学生在创造能力、认知能力、分析能力、判断能力等方面形成优势，从而获得复合型应用型专业人才所具备的知识、能力和经验。这些在一定程度上能够弥补当前学习过程过于关注“硬技能”的不足，有利于“软技能”的发展，也能为跨学科的交流奠定基础。使学生成为未来工程技术人才的“毛坯”，再经过实际工作的锻炼，最终成为熟练的人才。

三、EPIP 教学模式为职业教育教学改革提供了新的模式

从方法上讲，EPIP 模式实质上是在用工程方法培养学生，是“做中学”在经济社会新常态下的具化的教学模式。所谓“工程方法”，是根据工程项目的特点总结出来的，“工程方法”的目的是创造新的产品或工艺技术实现某种市场功能，其具体的实施步骤为：①明确工程项目需求；②进行工程项目背景学习研究，分析工程对象的特点和相关信息；③明确完成任务的几种可能的方法和实施途径；④通过试验验证不同的方法和途径，并应用技术技能在工程载体上实施；⑤分析试验数据、成本和其他相关条件，再加以综合创新；⑥完成自己的新作品、产品或功能。工程项目另一个最重要的特点是团队合作。EPIP 模式遵循了工程的规律，团队学习贯穿整个工程项目周期，其过程让学生理解、掌握科学知识和相关领域的技

术技能，在团队合作中运用这些知识、技术技能去实现、创造实用的可持续发展的产品。

工程实践创新项目(EPIP)教学模式的实施

工程实践创新项目教学模式的实施是以实际工程项目为载体，以实践应用为导向，以创新能力培养为目标，以项目实践为统领的，通过对专业教学的人才培养目标、课程体系、教学内容、教学方法以及教学评价方面进行整体性改革来实现的，重点在于课程体系的重构和教学组织方式的重构。

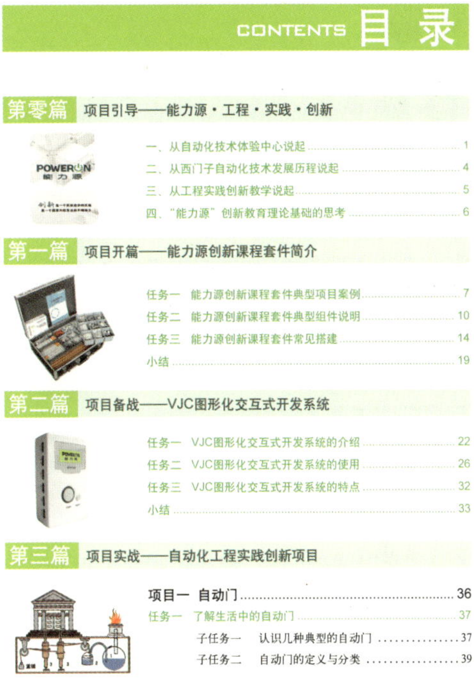
CONTENTS 目 录

第零篇 项目引导——能力源·工程·实践·创新

一、从自动化技术体验中心说起 …… 1
二、从西门子自动化技术发展历程说起 …… 4
三、从工程实践创新教学说起 …… 5
四、“能力源”创新教育理论基础的思考 …… 6

第一篇 项目开篇——能力源创新课程套件简介

任务一 能力源创新课程套件典型项目案例 …… 7
任务二 能力源创新课程套件典型组件说明 …… 10
任务三 能力源创新课程套件常见搭建 …… 14
小结 …… 19

第二篇 项目备战——VJC图形化交互式开发系统

任务一 VJC图形化交互式开发系统的介绍 …… 22
任务二 VJC图形化交互式开发系统的使用 …… 26
任务三 VJC图形化交互式开发系统的特点 …… 32
小结 …… 33

第三篇 项目实战——自动化工程实践创新项目

项目一 自动门 …… 36
任务一 了解生活中的自动门 …… 37
子任务一 认识几种典型的自动门 …… 37
子任务二 自动门的定义与分类 …… 39

工程实践创新项目（EPIP）教材

一、课程体系的构建

EPIP 教学模式需要渐进的工程实践创新项目课程体系去支撑，包括课程项目、学期项目、毕业综合项目三个层次，每个阶段项目都是由教师带领学生通过合作来制作一个产品或完成一项应用的过程。每一门课程有一个简单的课程项目要学生实现。正如陶行知先生所讲，“学校之课程，应以一事之始终为一课”。在第一和第二学年，每学期均安排有学期项目。第一学年学期项目根据本学期课程选择，为基础简单模块，让学生学得有乐趣，产生兴趣，形成一种工程思维和意识。第二学年学期项目综合专业技术技能课程，从简入繁，从企业案例中选择，真题重做或真题仿做。第三学年根据专业方向选择企业项目或自主创新项目。三年的项目“做中学”，大大激发了学生学习兴趣，也开发了学生的潜力。教师“做中教”，提高了教师专业能力，提高了教学质量，促进校企联系和产学互动，同时适应社会发展。

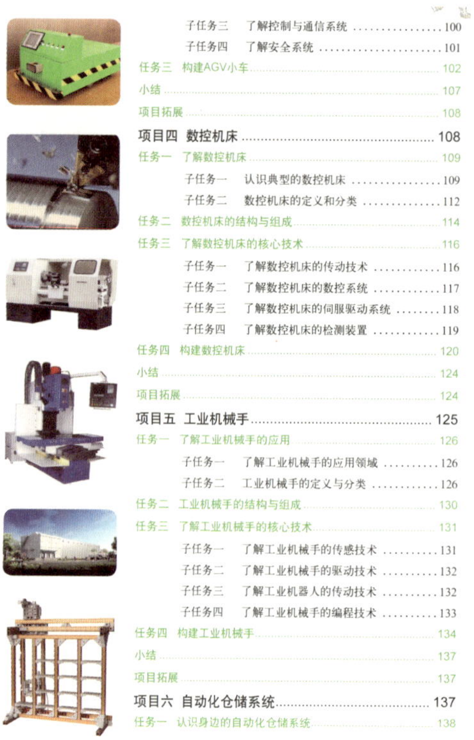

工程实践创新项目（EPIP）教材

循序渐进的课程体系结构是 EPIP 能够实现工程实践能力培养三阶段的基础。教师团队（项目组）和学生梯队（可以是跨年级的）围绕实际问题提出解决方案，完成工程项目，并持续改进，建立了良性递增螺旋圈。EPIP 模式下，三阶段、三层次贯穿，这种培养路径也是从“学徒工人”到“技术员”再到“现场工程师”的专业化成长路径，学生也表现出向专家水平提升的后劲。

二、教学组织方式的构建

工程实践创新项目教学模式的实施是以真实的工程为依据，从“兴趣”切入，从“工程”入手，用“创新”作为拓展，实现从工程到实践再到创新项目的培养过程，丰富学生的工程实践知识与经验，提升工程技术应用能力、工程实践创新能力和职业素养，拓展学生的专业视野，实现学生在知识和技能、方法与过程、情感与价值方面的改善和升华，并产生持续变化。

举例说明，“自动化工程实践创新项目·智能制造”是学生选择的一个项目。师生根据兴趣组建团队后，以“能力源·工程实践创新套装”为载体，自主设计、搭建高仿真型智能制造工程项目实体。教学组织如下：

工程实践创新项目教学设备

（1）智能制造产业领域中某一实际工程的调研和学习。按照项目主题，根据自身地域特性，自行选择实际工程，通过校企合作，深入了解实际工程，完成《工程调研报告》《核心技术分析报告》《核心元件对照表》。

（2）智能制造产业领域中该实际工程的核心技术提取、核心元器件提取与对照，制订详尽的工作计划、材料计划，分配时间和任务、进度规划，并形成《项目计划表》。

鲁班工坊学生体验工程实践创新项目教学

（3）工程复现阶段设计并模拟出该实际工程的部分或全部功能。通过“能力源·工程实践创新套装”将已调研过的实际工程在“鲁班工坊”仿制出来。仿真过程要实现已经提取的核心技术，应用既定核心元件，设计程序，技术改造，最终完成工程复现。这个过程中可能不断有新问题出现，需要不断地改进和革新。

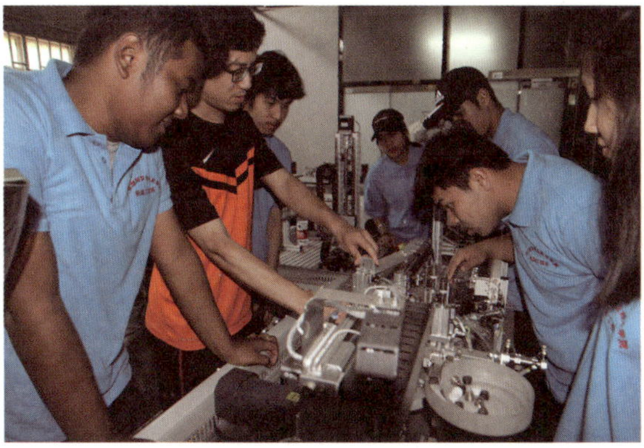

鲁班工坊学生体验工程实践创新项目教学

（4）完成该实际工程模拟搭建过程中的项目管理，同时完成《工程展示》文档和其他要求的图纸文档资料。

（5）工程评比阶段是学生展示自己的工程，交流总结的过程，也是工程验收，学生做工程展示文档(PPT)汇报，接受校企导师组综合考核。

工程实践创新项目体验中心

2016年5月，工程实践创新体验中心在天津渤海职业技术学院建成，总占地面积1300平方米，包括机器人创新互动区、电脑鼠走迷宫竞赛区、POWERON实训区、智能制造学习区、自动化生产线教学区、新能源汽车技术体验区六大区域，集“教、学、做、赛”为一体，为实践教学搭建了五大平台。

工程实践创新项目体验中心

机器人创新互动区

机器人创新互动区，人工智能机器人项目：机器人声、光、电、职能控制表演大舞台，NAO 智慧机器人才艺表演，机器人走 T 台表演能力源仿生机器人自主创意设计各种小动物（如小狗、蝎子、八爪鱼等）生动表演，新增机器人部分，主要是化工危险环境下机器人应用，救火机器人、防化工泄漏机器人、防核泄漏机器人、引导机器人、仿生机器人等。

电脑鼠走迷宫竞赛区，引入了风靡全球的电脑鼠走迷宫竞赛的比赛场地，精准的电子计分系统，以及学生平时做练习实训的场地设备。

POWERON 实训区

POWERON 实训区，增加能力源创新课程套件；体现光机电结合、软硬件结合、控制与化工工艺结合，演绎“工程”课程概念的同时延伸和扩展了“创新”课程的理念，使得学生的学习内容和教师的授课方式都有全新的内涵，真正着眼于综合素质的培养。

智能制造学习区，初步配置KUKA6个自由度，串联关节型工业机器人。3D工作面板、模拟冲压组件、模拟码垛组件、操作面板、PLC组件、气动夹爪、20点离线编程仿真软件可以直接生成ABB、KUKA、Staubli、广州数控等品牌工业机器人所用的运动控制代码文件，以及全套工业机器人离线编程仿真技术及应用教学资源。

智能制造学习区

自动化生产线教学区

自动化生产线教学区，该教学区以亚龙自动化生产线为载体，生产线由供料单元、加工单元、装配单元、分拣单元以及输送单元等五部分组成。可使学生深入掌握机械技术、气动技术、传感器技术、交流电动机变频调速和步进电动机驱动控制、触摸屏技术、PLC技术以及通信网络技术等。

新能源汽车技术体验区，新能源汽车技术体验中心包含新能源汽车整车、实训设备、信息化教学资源等内容，可实现新能源汽车模块化教学实训，促进职业技能实训资源整合和共建共享，为行业培养应用技能型人才。体验中心不仅是“教、学、做”为一体的教学实训中心，同时能够承担职业院校技能大赛的比赛。

新能源汽车技术体验区

以全国职业院校技能大赛所选用的优秀教学装备为基础

全国职业院校技能大赛从 2008 年开始，由教育部、天津市政府联合国家的相关部委办共同主办，它是我国职教工作的一项重大制度设计和创新，也是新时期职教改革与发展的重要推进器，其所使用的相关装备代表了当前行业最先进的技术水平，是鲁班工坊的核心教学装备。

国赛项目教学装备的开发设计

赛项设计与开发是赛项引领高等职业教育专业建设与教学改革的关键，天津职业院校在进行赛项设计与开发的实践中，探索了“服务产业升级与社会需求，面向教学改革实际，聚焦综合实训教学，融入行业企业标准，采纳国际通用技术，着眼大赛教学资源转化”的开发模式。按照“社会需求调研—实际应用分析—提炼专业技术—研发竞赛实训装备—开展竞赛资源建设—举办全国性技能赛项”的赛项开发六步骤，实施了“技能赛项设计、教学资源转化、赛事国际对接、文化体验活动”为一体的系统化赛项承办组织方式。

一、赛项教学装备的开发对接产业发展和社会需求

竞赛内容设计主要源自于国家支柱产业、战略新兴产业和社会生活服务领域，为产业发展和社会生活需要的技能人力服务。例如“自动化生产线安装与调试”“机器人应用技术”等赛项开发顺应国家产业结构调整和升级的需要，紧扣工业化进程的技术方向；“数控机床安装、调试与维护”“飞机发动机拆装与维护”等赛项，以装备制造业对人才的新需求为出发点，衔接产业升级需要；“楼宇智能化系统安装与调试”“智能电梯安装与调试”等赛项开发，以频发的电梯惊魂事件为背景，以城市让生活更美好为主调，瞄准了职业教育服务人民群众生活的需要；而“工业机械手与智能视觉系统”赛项，面对世界“智能制造”回流，以“后工业化”时代富士康事件为引子，引导职业院校专业向服务智能制造转型。

二、赛项装备设计与专业建设课程改革相结合

围绕职业院校机电类专业综合实训教学项目，赛项设计团队会同行业企业工程技术人员共同设计赛项内容和装备载体，从社会需求调研出发，由典型工程应用提取专业技术和生产工艺，研发竞赛实训装备，共同制定竞赛标准，研讨教学资源建设，力求为职业院校的专业与产业对接、课程实施载体与典型现场装备结合、教学与企业管理运行联系搭建一个共通的“桥梁”。

技能赛项和竞赛实训装备以专业核心技术作为统领，嵌入多项技术领域的专项技术。赛项内容和装备通过局部与整体、单体与总体、机械与电气、机构搭建与编程调试等架构组合方式，进行设计。例如：单站、双站、多站、整体联调（自动化生产线安装与调试），单梯、双梯、连梯联调（智能电梯安装与调试），居室、小区、管控中心、整体联调（楼宇智能化系统安装与调试），物料配送生产线、工业机械手搬运中心、物料仓储立体库、成品储藏库、各部联调（工业机械手与智能视觉系统）……实现引领专业综合实训课程改革，同时，为现代教学方法运用提供载体支撑。

工程实践创新项目赛项设备

三、赛项教学装备设计满足行业企业标准和职业资格要求

“自动化生产线安装与调试”赛项的内容设计参照了“可编程控制系统设计师”“维修电工”国家职业资格标准，“楼宇智能化系统安装与调试”赛项参照了“智能楼宇师”及行业安装标准……同时，竞赛装备的开发立足于日常教学，全面融入行业企业和生产现场要素，满足职业资格取证的训练要求，满足行业企业的操作规范和工艺。赛项设计围绕专业核心技术展开，实现了专业核心技术与课程系统设置一体化、训练竞赛装备一体化、职业资格取证一体化和企业顶岗实习一体化的目标。为技能竞赛、日常专业教学有效融入行业企业标准、职业资格标准提供了支撑。

四、赛项教学装备标准对接国际通用技术、器件和工艺

在竞赛内容与装备设计开发过程中，研究和借鉴国际赛项经验，立足本土的国际化资源开发，大量选取在工业技术领域国际通用性强、应用效果好的主流技术和器件，参考现代生产工艺流程，分析典型跨国企业、高端技术企业

用人标准，研究工程现场实际和综合职业能力要素，强化国际通用的“工艺考核、过程考核、功能考核和素养考核”，为赛项国际化奠定基础。

通过开发国际通用的“自动化工程实践创新项目”“自动化生产线安装与调试”教学装备和双语教学资源，为中国职教与国际职教对接提供了交流平台。

五、强化教学装备为职业院校专业综合实训教学的服务功能

在赛项设计、开发中，将团队协作能力、计划组织能力、交流沟通能力等职业素养纳入竞赛内容，引领综合实训教学的课程设计与教法、学法改革；将专业教学中的多项技术在高仿真现场环境下进行综合应用，结合赛项内容和装备在局部与整体、单体与总体、机械与电气、机构搭建与编程调试协同设计的条件下，增强了专业课程体系中各个课程、各个实验实训场所的有机关联，融会贯通；将教师日常教学的线性流程改造为并行、综合实施流程，构建“相互平行、融合交叉”的理论和实践教学体系。

自动化生产线安装与调试赛项设备

六、教学装备设计融入技术与文化传承、体验与经验分享

在赛项策划、设计和申报之初，联动国内外相关机构、技术企业、教学装备公司，启动配合国赛赛项的承办主题、体现赛项特点、融合技术文化传承、新技术体验和分享、生活技术文化交融的竞赛环境设计与实施。将赛项的举办与师生的技术文化体验相结合，将赛项开发设计理念体现出来。

国赛教学装备开发成效显著

从首届全国职业院校技能大赛开始，天津职业院校先后与德国西门子、日本三菱电机自动化、德国DMG、德国博世力士乐、美国NI、深圳汇川工控、北京昆仑通态等企业全方位合作，联合相关职业院校，开发技能赛项及其教学资源，策划、设计了“自动化生产线安装与调试”等6个国赛赛项，“自动化工程实践创新项目”等4个全国性技能赛项，“飞机蒙皮维护”等3个国际化赛项，航空电子技能大赛等多个企业赛项，围绕实现“以赛促学、促教、促改、促建”进行了系统研究与实践，形成国际影响。

其中“自动化生产线安装与调试”装备不仅成为全国职业院校技能大赛的装备，也输出国门成为东盟国家的技能大赛的装备。“自动化生产线安装与调试”赛项自2010年来已经成为东盟技能大赛正式指定赛项，其竞赛设备、竞赛内容和标准均采纳中国标准。

东盟各国选手参加国赛自动化生产线安装与调试技能赛项

2012年全国职业院校技能大赛“自动化生产线安装与调试”赛项迎来了新加坡、马来西亚、菲律宾、越南、印度尼西亚以及非洲联队六支特殊的参赛队伍。这是国外代表队首次作为正式参赛队参加全国职业院校技能大赛。

2013年全国职业院校技能大赛
“自动化生产线安装与调试”赛项

2013年全国职业院校技能大赛“自动化生产线安装与调试”赛项，德国、东盟8国代表队正式参赛全国职业院校技能大赛。

另外，2011年6月，在“天津中德-DMG数控技术实训中心”，外国专家、教师和留学生参加了“中德两国学生数控技术友谊赛”，亲身体会了来自德国在世界技能大赛获得一等奖的团队同中国学生团队的技艺切磋、团队工作。

以校企合作开发“四位一体”的立体化教学资源为内容

借助校企合作，天津市职业院校开发出与国赛对接的四位一体立体化教学资源，为专业综合实训课程提供丰富的教学资源，搭建起从学校教学过程向企业生产过程转化的桥梁，引导教师如何“教”、学生如何“学”，促进企业、岗位、职业资格与专业教学的有机衔接，为教师运用现代教学组织形式和方法提供了支撑。

立体化教学资源开发模式

天津职业院校在教学资源建设过程中，探索出“将竞赛理念、内容、考核方式融入日常教学，将现代生产流程、技术标准、服务规范引入实践教学，将生产过程和教学过程结合”的教学资源转化模式，建设了指向技能赛项对应装置、兼顾通用性的学习资源，基于技能赛项对应专业的综合性实践教学资源，衔接国际技能赛项和教师学生开展赛项活动服务资源。

一、明确教学资源开发定位和形式

基于工作过程导向、面向全国职业院校技能大赛、服务于职业院校机电类专业综合职业能力培养的立体化教学资源，增加了职业岗位所需要的有关实例和现场环境、运行管理方式的介绍，以激发学生的学习兴趣和职业意识；编写图文并茂，以图载文，通过丰富的图表，可以使学生直观地了解各种型号的设备和器件，形象清晰地展示技术要点，深入浅出，紧扣时代脉搏，使教学资源体现科学性、时代性、趣味性、可教性和可学性的特点。

二、设计教学资源开发的架构

立体化教学资源由竞赛训练装备、彩色纸质教材、数字资源光盘、专题教学网站等四部分组成。彩色纸质教材以完成大赛项目为线索，采用任务引领、项目驱动的模式编写，由点到面，从局部到整体，由简渐繁，通过小任务学习专项技术，反映认知规律；通过大任务学习技术综合应用，体现职业属性。

教学指导、专业标准、精品课件、典型视频、题库案例、工程实景、工具器件、实训条件、教师参考、学习拓展等音视频文案资料放入配套的数字资源光盘中，使得学生在使用教材时，可有的放矢地进行学习，制订自主学习计划，从教师为中心向学生为中心转换。

配套的专题学习网站是多样性、交互性的辅助资源，有力支持了课堂教学和课外学习，支撑了教师教学和“泛在式”学习。

三、开发适合现代教学法运用的教学资源

教学资源充分适应现代职教教学方法和教学手段的运用，按照项目导向、任务驱动式组织，应用了行动导向的教学理念、项目化教学及小组式工作。每个项目按照任务提出、信息资讯、工作步骤制定、材料准备清单、电路设计、机械装配、程序流程、项目验收、项目拓展等真实工作流程组织编写。在项目拓展部分，让学生以小组为单位完成一个创新项目，实现综合实训与综合设计的系统衔接，培养学生的创新意识和创新能力。

四、开发推动职教国际交流的教学资源

成果建设团队在竞赛内容与装备设计中，融入国际要素，开发国际通用性教学装备，强化了国际通用的“工艺考核、过程考核、功能考核和素养考核”融合渗透，为赛项资源国际化奠定了基础。

立体化教学资源的开发成果

教学资源开发立足于工程实践案例的“真度”，机电技术应用的“深度”，训练创新空间的“广度”，教学资源内容的“厚度”，软硬系统结合的“密度”，虚拟仿真形式的“效度”，教学学习过程的“乐度”，人才培养目标的“适度”，开发出系列基于技能大赛成果，形成了 8 个基于技能大赛赛项成果，服务职业院校专业综合实训教学的教学资源包，建构了包括“竞赛实训装备、彩色纸质教材、数字资源光盘及专题学习网站”的立体化“四位一体”的教学资源。建设了《自动化生产线安装与调试》和《自动化工程实践创新》双语版教学资源包。

立足“八度”的赛项教学资源

通过多年的研究、实践与探索，开发的教学资源已在全国职业院校得到普遍应用，嵌入到了专业课程体系，成果建设团队开发了《自动化生产线安装与调试综合实训》等 15 门国家级精品课程和精品资源共享课程，编写了 10 余本“十一五”国家规划教材和“十二五”国家规划教材，同时还指导全国其他兄弟院校建成国家、省市级精品课程 20 多门。应用现代信息技术在全国进行推广应用，吕景泉教授作为牵头人，率领成果建设团队及相关院校和企业，建成了教育部首批信息化试点项目“基于全国职业院校技能赛项成果，开发机电类综合实践教学信息化应用平台”。其中，“自动化生产线”综合实训网络平台及课程学习的点击率达 600 多万人次，产生巨大的影响力，有效推动了全国职业院校机电类人才培养质量的提升。

自动线安装与调试技能大赛课程教学资源

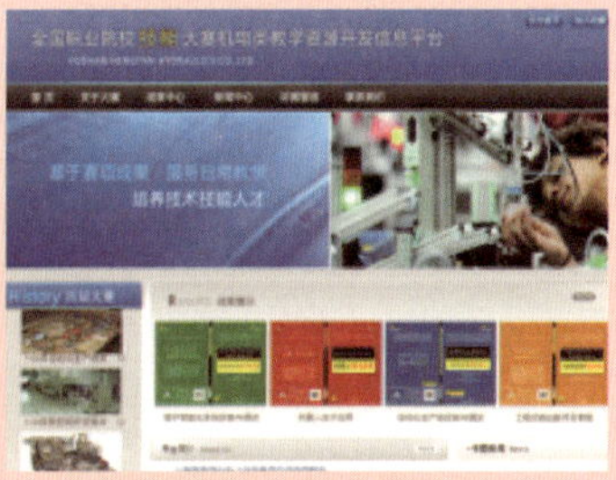

开发的课程及网络平台应用

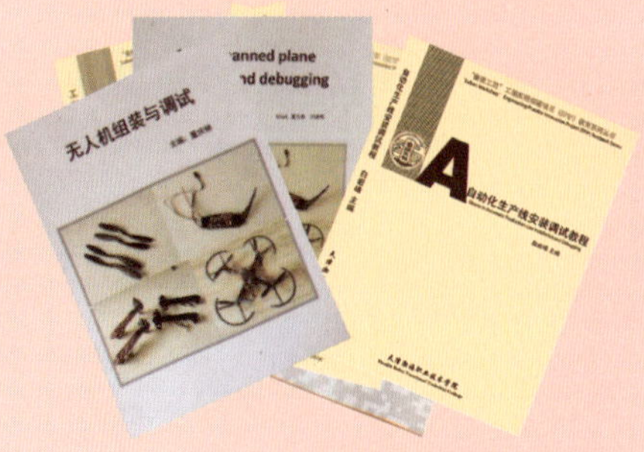

双语教材

双语教学

以海外职业院校本土师资系统化标准化培养培训为根本

鲁班工坊带给海外职业院校的不仅有先进的专业教学标准、教学装备，而且还有先进的教育理念、教育模式。要充分发挥鲁班工坊在当地的作用，关键是对其原有师资水平的提升，每一个鲁班工坊建设之初，都需要对当地的教师进行系统培训，使其掌握中国先进的职业教育模式，具备实际操作和指导学生学习中国先进的专业教学装备的技术技能。

由此可见，师资培训是鲁班工坊建设重要的基础性工程，只有师资水平提升了，中国职业技术教育的教学理念、教育模式、教学标准、教学装备才能实现真正意义上的海外输出，因此，已经建成的四个鲁班工坊在建设初期都投入了大量的人力物力对海外学校进行标准化的师资培训。

中方教师和泰方研讨教学

例如，泰国鲁班工坊采取了中国教师到泰国授课的方式，为泰国培养师资。2016 年 3 月揭牌之后，天津渤海职业技术学院就外派郑勇锋、刘彦磊、陆彬彬和徐文四位专业教师到泰国鲁班工坊住校授课。泰国大城技术学院的教师白丽表示，在天津的确学到很多新的教学方式和理念，特别是一些全新加工和控制技术，但还希望学到更多。泰国鲁班工坊师资培训立足当地实际，将天津职教实践总结出的工程实践创新理念作为核心，有针对性地引入仿真机器人、自动化生产线、电脑鼠等设备，把一整套天津职业教育模式作为教学重点。在这里泰国师生可以依托所学的理论知识，既能设计出单台数控加工机床，也能组装出一条完整的包装生产线。

泰国鲁班工坊师资培训

现代化工厂中往往会设置很多无人控制的牵引车来提高生产效率，而与此同时越来越多的企业来泰国投资建厂，急需无人控制专业方面的人才，因此如何完成无人牵引车的编程控制就成为泰国师资培训的主要内容。在培训过程中，受到语言障碍的影响，一般只需要十多分钟就能讲完的知识点却整整花一个半小时。凡是可以通过事物讲解演示的内容，大家理解起来都还比较快但只要涉及软件编程、电子传感、机械结构等相对抽象内容课程进展就非常缓慢。为解决这个问题，四位教师调整了授课形式，少讲理论，用动作配合简单的词，多做演练，并利用晚上时间自学泰语，顺利完成泰国师资培训工作。

印度鲁班工坊的师资培训是采用定制式的师资培训方式来进行的，天津轻工职业技术学院和天津机电职业技术学院专门组建了强大的师资培训团队，从学校遴选具有较好英语基础、专业理论与实践能力兼备的优秀教师，利用校内一流的教学设备及教学资源，对印度教师进行定制式的系统培训，全面提升印度教师的专业综合素质与教学能力。

印度鲁班工坊 EPIP 师资研修班开班典礼

培训首先是在天津市职业院校完成理论和实践学习。2016 年 11 月 7 日，印度金奈理工学院校长司丽拉，带领 6 位专业教师来到天津，进行一个月的 EPIP 师资研修，开班典礼在天津机电职业技术学院隆重召开。印度教师学习相关专业知识和实操技能，向天津团队的老师们学习、请教，在校园的每个角落，都留下了他们孜孜不倦的身影。在中印教师共同努力下，印度教师们掌握了先进的专业技术、提升了专业技能，能独立完成实训作品，圆满完成了培训任务。

天津轻工职业技术学院和天津机电职业技术学院的领导对培训工作高度重视，多次看望印度教师，与教师沟通交流，关心他们的学习和生活状况，送上温暖和关怀。

印度鲁班工坊工业机器人专业师资培训

印度鲁班工坊 EPIP 师资研修班结业典礼

2016 年 12 月 4 日，“印度·鲁班工坊 EPIP 师资研修班”结业典礼在天津轻工职业技术学院举行。

其次是在印度的后续培训。2017 年 7 月，天津轻工职业技术学院、天津机电职业技术学院联合派出专业教师及企业工程师团队赴印度，在完成鲁班工坊规划布局的同时，与印方师生共同进行实训设备的安装调试，使印度教师和学生在做中学全面掌握相关设备的使用方法。

印度尼西亚鲁班工坊工业机器人专业师资培训

英国鲁班工坊师资培训

同样，英国鲁班工坊和印度尼西亚鲁班工坊在创立之初也是首先完成专业教师的专业理论与技术技能培训工作，才能有力的保证鲁班工坊的顺利运营。2017 年 3 月，波诺罗戈第二职业技术学校三位专业教师到天津市东丽区职业教育中心学校参加师资培训，并顺利结业。

以规范化制度化的监管机制保障鲁班工坊的可持续发展

“鲁班工坊”研究与推广中心成立

随着鲁班工坊的建立，亟须建设一个专门机构，对鲁班工坊的建设标准、管理制度与宣传推广等方面进行系统研究，在教育部职业教育与成人教育司（以下简称教育部职成司）指导下，天津市教委决定创设鲁班工坊研究与推广中心。

2018 年 1 月 10 日，在天津渤海职业技术学院举行鲁班工坊研究与推广中心揭牌仪式。泰国职业教育委员会高级顾问瓦尼、教育部职业教育与成人教育司司长王继平的特别代表雷鸣副司长、天津市教育委员会副主任吕景泉出席，中泰 11 所院校的师生代表 200 余人参加。

教育部职成司充分肯定了天津市教委在职业教育和职业教育国际合作方面取得的丰硕成果。职业教育是中国国民教育体系和人力资源开发的重要组成部分，中国职业教育瞄准现代化的目标，建成了世界规模最大的职业教育体系，形成了更加完备的制度标准，产教融合校企合作特色更加鲜明，职业院校办学条件持续改善，走出了一条有中国特色的发展道路。近年来，中国职业教育积极扩大对外开放，打造了一批走出去的重要的办学品牌，鲁班工坊就是标志性的成果之一。今后一个时期，职业教育将进一步扩大开放。

在党的十九大报告当中，对决胜全面建成小康社会，夺取新时代中国特色社会主义伟大胜利做出了战略部署，对推动形成全面开放的新格局，完善职业教育的培养培训体系，深化产教融合校企合作提出了新要求。未来，我们将瞄准职业教育现代化目标，将职业教育作为教育领域国际交流与合作的重点，努力将其纳入中外人文交流的机制当中去，并以更加开放的心态，深化既有合作关系，拓展新的合作项目，承担更多的国际责任，为中国职业教育走向世界作出更大的贡献。要形成共同完善合作机制，搭建更加高效的合作平台，进一步扩大职业院校技能大赛合作范围，组织开发和共享优质的教育教学资源以及标准，更好地发挥职业院校的主体作用，突出合作实效，加快形成一批有代表性的合作成果，充分发挥科研机构的重要作用，加强专业咨询项目跟进科学研究的功能，为合作提供更加有力的支撑。

鲁班工坊研究与推广中心的定位是在天津市教委的直接领导下，联合天津市职业院校、教育科研单位共同进行鲁班工坊的理论研究与实践探索的研究机构，全面负责海外鲁班工坊的规划设计、建设规范、师资培训，以及对鲁班工坊的建设成效进行评价监管及示范推广工作，同时联合鲁班工坊合作院校、企业等多方力量进行中国与“一带一路”国家职教政策比较研究、鲁班工坊的资源开发等工作。

鲁班工坊服务与管理信息平台

鲁班工坊服务与管理信息平台是围绕鲁班工坊服务于“一带一路”建设的重要任务，充分展示鲁班工坊建设与发展的成果，为鲁班工坊建立国际化的网络信息发布、资源展示与共享、国际职业技能大赛的网络平台，主要包括展示功能区、服务功能区和管理功能区。

1. 展示功能区

以鲁班工坊门户网站为核心，设置了新闻中心、全球分布、优质资源、国际竞赛、文化交流、EPIP 联盟、研究与推广中心等主要栏目。

新闻中心，主要通过建设动态、媒体聚焦、职业教育、产业联动、国际交流、竞赛活动、文化互动七个栏目组成鲁班工坊的新闻发布体系。

全球分布，主要从时间和地理空间两个维度，展现鲁班工坊在全球范围内的发展情况，大事记记录鲁班工坊的发展历程，全球发展数据展示鲁班工坊综合发展数据的变化。

优质资源，主要展示鲁班工坊特色资源、企业优质资源和职教区优质资源。

国际竞赛，是鲁班工坊国际职业技能竞赛的专题展示，对鲁班工坊开展的各类国际性技能大赛进行全面的报道和详细的赛事介绍。借助这一栏目可以观看到大赛的比赛视频和精彩的大赛专家评论，还为参与大赛的用户提供了大赛在线报名的服务入口。

展示功能区

为了更好地展示鲁班工坊的发展状况，还设置了鲁班工坊与“一带一路”、EPIP 国际教育联盟、鲁班工坊年度发展报告三个重要的新闻专题。

2. 服务功能区

包括个人用户、教师用户、院校用户、企业用户四个入口，通过门户网站上的“我要了解”“我要查询”“我要提问”“我要办理”“我要参与”五个服务按钮为不同的用户提供了相应的服务项目。

服务功能区

“我要了解”服务项目，可以查询平台问题知识库中的内容，系统能够根据用户希望了解的问题给出相关的知识解答。

“我要提问”服务项目，可以将需要解答的问题提交给鲁班工坊相关的合作院校、合作企业、培训教师、专家成员和管理部门来寻求解答，平台会将用户提交的问题自动转交给相关的人员进行处理，处理完成后会及时将反馈的结果发送个用户。

“我要查询”服务项目，可以根据需要选择特定的查询项目进行系统数据的检索，方便用户找到自己需要的新闻、文章、资源，了解鲁班工坊开设的培训课程、交流活动的情况。

“我要办理”服务项目，可以根据需要向合作单位提交服务申请，用户通过服务申请功能，可以获得鲁班工坊合作院校与合作企业提供的，包括技能培训、交流活动、技术服务等方面服务与支持，平台会将用户提交的服务申请转交给指定的合作单位进行处理。对于有意愿参与鲁班工坊建设的院校和企业，通过“我要办理”服务页面可以向鲁班工坊研究与推广中心提交参与鲁班工坊建设的申请。

“我要参与”服务项目，可以了解鲁班工坊组织和提供的培训课程、交流活动、技术服务、国际赛项等。

3. 管理功能区

管理功能区是由教育行政主管部门、合作院校、合作企业、鲁班工坊研究与推广中心共同指导的协作办公系统。目前设置有门户网站信息发布管理、用户提问与反馈管理、服务申请与处理管理、鲁班工坊重要活动事项申报与批复管理、鲁班工坊建设项目申报与批复管理、鲁班工坊相关竞赛的申报与批复管理六个部分。

门户网站信息发布管理，对门户网站上发布的各类信息进行审核管理，鲁班工坊研究与推广中心负责对门户网站上公布的内容进行管理。

用户提问与反馈管理，就网站用户对鲁班工坊提出的问题作出响应和反馈，鲁班工坊的建设单位与专家团队负责提供相关服务，鲁班工坊研究与推广中心负责对可以公开发布的问题内容进行管理。

服务申请与处理管理，对网站用户提出的服务请求作出响应和反馈，鲁班工坊的建设单位负责对收到的服务请求进行处理，并将服务请求的完成情况提交到平台进行报备。

鲁班工坊重要活动事项申报与批复管理，对鲁班工坊建设单位提交的重要活动事项的申请进行处理和反馈，在鲁班工坊研究与推广中心完成事项审批后，将事项执行过程的报告提交到平台进行报备。

鲁班工坊建设项目申报与批复管理，对鲁班工坊建设单位提交的建设项目申报进行评审和反馈，鲁班工坊研究与推广中心负责组织相关专家通过平台完成申报项目的评审并作出反馈，项目执行单位负责将项目进展报告提交平台报备。

鲁班工坊相关竞赛申报与批复管理，对鲁班工坊建设单位提交的技能竞赛承办申请进行评审和反馈，鲁班工坊研究与推广中心组织相关专家通过平台完成申报项目的评审并作出反馈，平台为各类比赛项目提供推广与线上报名服务，大赛承办单位将比赛项目执行报告提交平台报备。

工程实践创新项目国际教育联盟

鲁班工坊申请单位应同时申请加入工程实践创新项目国际教育联盟，遵守联盟章程。2017年5月9日，工程实践创新项目国际教育联盟成立大会在天津渤海职业技术学院举行。联盟由致力于应用、推广工程实践创新教学模式的院校、企业组成，具有国际性和非营利性，是一个开放的战略联盟群体。联盟以盟员通过多种形式的合作，积极推广EPIP教学模式，实现优质教育资源的交流和共享，提升学生工程实践创新能力与水平。同时为盟员了解国际社会、经济、文化、教育发展水平提供交流平台，为中外人才发展提供交流互动平台为宗旨，努力促进EPIP教学模式在中国、世界范围内应用推广，推动中国、世界技术技能人才培养的长足发展。

工程实践创新项目国际教育联盟成立仪式

南开大学、天津大学、南开中学、天津渤海职业技术学院、泰国大城师范大学、泰国大城技术学院、泰国巴吞他尼技术学院、泰国乌泰他尼技术学院、泰国北碧工业和社区教育学院、泰国乌通工业和社区教育学院、泰国披集农业与技术学院、泰国德乌敦技术学院、泰国华富里农业与技术学院、泰国北碧理工学院、泰国塞纳工业和社区教育学院、东帝汶科学技术学院、印度尼西亚穆罕默迪亚玛琅大学、柬埔寨磅士卑技术学院、越南胡艺工业学院、新加坡义安理工学院、

与会领导为 EPIP 国际教育联盟成员颁发证书

葡萄牙里斯本理工学院、塞巴斯托尔理工学院，莱利亚理工学院等 30 余家院校、企业加入到 EPIP 国际教育联盟。

EPIP 国际教育联盟聘任新加坡黄明吉，英国伯明翰城市大学皮特教授，美国麻省理工学院戴维教授，德国费斯托（中国）有限公司大中华区培训部经理海尔曼·纳格尔，法国图卢兹大学教授、博士生导师丹尼尔·卡巴尼斯，芬兰国家科学研究高级研究员艾牟·戴博莱特，波兰欧洲－亚洲商业教育基金会主席格热戈日·卡利克，泰国大城省副省长皮谦，副省长里瓦，泰国大城府基础教育服务部副部长维拉瓦柬埔寨国立理工学院校长本费林、巴基斯坦旁遮普省教育局局长拉那·马苏德，葡萄牙里斯本理工学院副校长安东尼奥.贝罗，葡萄牙塞图巴尔理工学院助理校长苏珊娜·皮卡拉，葡萄牙莱利亚理工学院学术委员会主席路易斯·巴贝罗等 60 多名国际专家和 20 余名中国专家为工程实践创新项目教育联盟成员。

工程实践创新项目国际教育联盟外籍成员合影

EPIP 国际教育联盟章程

第一章 总 则

第一条 联盟名称：EPIP 国际教育联盟（以下简称联盟），英文：International EPIP Education Alliance，缩写：IEEA。

第二条 联盟性质：联盟是由致力于应用、推广 EPIP 教学模式的院校、企业组成的，国际性和非营利性的，松散的、不排他的、开放的战略联盟群体。

第三条　联盟宗旨：联盟成员单位（下称盟员）通过多种形式的合作，积极推广 EPIP 教学模式，实现优质教育资源的交流和共享，提升学生工程实践创新能力与水平。同时为盟员了解国际社会、经济、文化、教育发展水平提供交流平台，为中外人才发展提供交流互动平台。

第四条　联盟职责：秉持共赢理念，遵循国际规则，围绕在国际范围内应用、推广 EPIP 教学模式开展各项相关工作。

第二章　联盟职能与任务

第五条　联盟工作的内容和方式：结合盟员实际，发挥盟员优势，积极开展多形式、多渠道、有特色和富有成效的工作，在 EPIP 教学模式推广、教学资源共享等方面帮助盟员共同提高、共同发展。

第六条　联盟工作的目标任务：加强校际交流，共同推广 EPIP 教学模式，促进 EPIP 教学模式应用于各盟员所在国职业教育实践的成果转化。

第三章　组织机构及分工

第七条　联盟由理事单位、联盟成员单位、专家委员会及秘书处共同组成。

第八条　联盟代表大会职责：

（一）审议、通过联盟章程；

（二）审议、通过联盟工作报告；

（三）审议、通过联盟发展规划和工作方针。

第九条　联盟代表大会每年召开一次，大会闭会期间，遇有重大或紧急情况，经理事会或半数以上盟员提议，可召开大会临时会议。

第十条　理事会是联盟执行机构，每年召开一次理事会议。理事会须有半数以上理事出席方能召开。

第十一条　理事会职权：

（一）执行联盟代表大会决议；

（二）决定召开联盟代表大会相关事宜；

（三）制定、审议联盟发展规划和工作方针；

（四）确认和罢免理事长、副理事长、秘书长；

（五）决定专家委员会负责人人选；

（六）制定或修改联盟章程；

（七）决定联盟其他重大事宜。

第十二条　理事由理事单位派出，每届任期三年，可连选连任。因故需更换人选的，应由所在单位提出。

第十三条　联盟第一届理事长单位由主发起人担任，并派出代表担任联盟理事长；第一届副理事长单位由共同发起人担任，并派出代表担任副理事长。理事长及副理事长单位任期三年，期满后由联盟代表大会选举产生新任理事长、副理事长单位。

理事长及副理事长职权为：

（一）理事长召集、主持理事会和常务理事会议；

（二）理事长代表联盟或授权签署重要文件；

（三）副理事长分工负责专家委员会等相关工作；

（四）理事会赋予的其他权利。

轮值理事长：从副理事长中选举产生，任期一年，任期届满，重新选举下一届轮值理事长。

（一）负责定期组织召开理事会议；

（二）对秘书处工作进行指导和管理；

（三）理事会赋予的其他权利。

第十四条　联盟设立常务理事会，负责商议、协调、解决联盟重大事务。常务理事会由理事长、副理事长组成，在理事会闭会期间行使第十一条相关职权。

第十五条　常务理事会不定期召开，须有半数以上常务理事出席方能召开，决议须经到会常务理事半数以上表决通过方能生效。

第十六条　专家委员会是联盟的支撑机构，由盟员单位及相关行业推荐 EPIP 教育专家组成，由理事会确认专家资格，专家委员会职权为：

（一）对联盟发展战略和工作方向提出建议；

（二）对联盟的先进性给予保障和支撑；

（三）参加或主持联盟组织的活动；

（四）协助或主持项目咨询工作。

第十七条　联盟授权天津渤海职业技术学院、泰国大城技术学院和中国工程实践创新项目推广单位——天津启诚伟业科技有限公司成立联盟秘书处，主要负责联盟的国际国内日常事务，盟员之间的关系与沟通协调，联盟活动的组织策划，并为盟员创造业务合作与交流机会。秘书处设秘书长及常务副秘书长。秘书处内设各工作部门，秘书长职权为：

（一）主持日常工作，实施工作计划；

（二）决定相关人员的聘用；

（三）制定内部管理机制；

（四）编发《简报》，通报联盟及盟员工作情况；

（五）组织盟员多种形式的交流活动；

（六）汇集盟员诉求，及时做出协调与沟通；

（七）代表联盟协调和处理其他日常事务。

第四章　联 盟 成 员

第十八条　申请加入联盟，须具备下列条件：

（一）拥护联盟公约。

（二）有加入联盟的意愿。

（三）愿意致力于应用、推广 EPIP 教学模式。

第十九条　盟员权利与义务

（一）参与联盟组织的活动。

（二）对联盟的工作提出建议并进行监督。

（三）维护联盟的合法权益。

（四）向联盟反映情况，提供信息、资料。

（五）在自身工作领域积极应用、推广 EPIP 教学模式。

第五章　附　　则

第二十条　本章程解释权属联盟理事会，具体解释事宜由秘书处负责。

开展战略合作　传承班墨文化

2018 年 5 月 28 日，鲁班工坊研究与推广中心同滕州市墨子研究中心办公室签署战略合作协议。天津市教委副主任吕景泉，滕州市委常委、宣传部长朱晏辰等领导出席。

双方共同确立，为进一步弘扬、传承班墨文化，丰富“鲁班工坊”的文化建设内涵，按照“优势互补、互利共赢、扎实推进、成果共享”的原则，鲁班工坊研究与推广中心与滕州市墨子研究中心办公室在弘扬班墨文化方面开展全方位战略合作，包括建立协同发展联席会议制度，人员交流互访机制和活动参与机制，共同建立班墨文化、“鲁班工坊”的推广、研究机构，建立国际人文交流合作机制。

签约仪式现场

吕景泉在讲话中提出，天津市作为国家现代职业教育改革创新示范区，主动服务国家“一带一路”建设，以“大国工匠”鲁班为形象依托，创设了“鲁班工坊”，旨在培养配合国际产能合作，在合作国家培养当地熟悉中国技术、了解中国工艺、认知中国产品的技术技能人才，现已上升为我国人文交流国际知名品牌，作为“鲁班工坊”的研究与推广机构，鲁班工坊研究与推广中心已成为国字号品牌。山东滕州是鲁班、墨子的故里，是中华民族的文明发源地之一，具有悠久的文化历史。近年来，围绕我国优秀传统文化的传承和弘扬，滕州市墨子研究中心办公室组织开展了一系列卓有成效的文化普及工作，并建设了以鲁班纪念馆、墨子纪念馆等为代表的传统文化育人基地，挖掘和传承了鲁班墨子思想。

鲁班工坊留学生到参观鲁班纪念馆

吕景泉提出，未来鲁班工坊研究与推广中心与滕州市墨子研究中心办公室将加强沟通，努力在以下几方面开展深度合作交流。一是要做好中华优秀传统文化挖掘、开发、普及、研究、传承、创新以及再利用。探究中华优秀传统文化，研究班墨文化对职业教育的影响，充分发挥滕州市墨子研究中心和鲁班工坊的平台作用，适时举办班墨文化国际论坛。二是要做好班墨文化进校园、进课堂工作。适时开设班墨文化通识课程，探索课堂教育与网络教学相结合的方式，推进班墨文化的职教课程建设。三是鲁班工坊研究与推广中心要切实发挥作用，要与中国墨子研究会积极沟通联络交流，探索建立天津班墨文化研究学会。四是要做好鲁班工坊的学术研究工作，创新工作举措，与墨子研究中心一道，挖掘创新内涵，切实取得实效。五是要积极搭建平台，举办文化交流活动，举办好鲁班锁拆解大赛。六是天津渤海职业技术学院要建设鲁班工坊实体的纪念馆。

第四部分

鲁班工坊的成效与发展

鲁班工坊的建设成效

中外政府的认可与支持

政府大力支持成为中外人文交流品牌

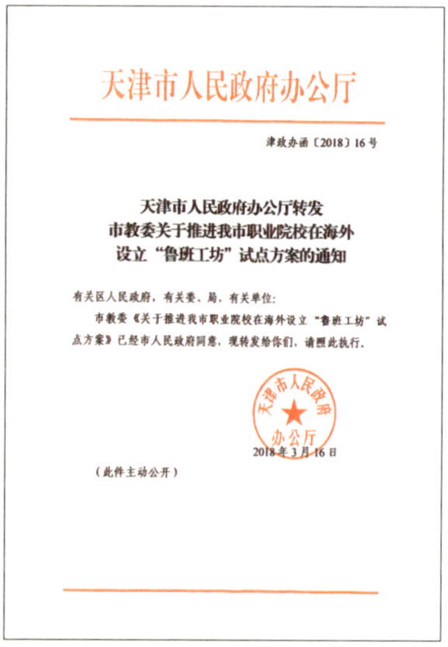
天津市人民政府办公厅

津政办函〔2018〕16号

天津市人民政府办公厅转发
市教委关于推进我市职业院校在海外
设立“鲁班工坊”试点方案的通知

有关区人民政府，有关委、局，有关单位：

市教委《关于推进我市职业院校在海外设立“鲁班工坊”试点方案》已经市人民政府同意，现转发给你们，请照此执行。

天津市人民政府办公厅

2018年3月16日

（此件主动公开）

天津市人民政府办公厅公函

鲁班工坊在建设过程中受到了政府的高度认可和大力支持。

2016年3月《天津市人民政府关于加快发展现代职业教育的意见》中确立在境外将建立10个“鲁班工坊”。

2016年12月，教育部党组书记、部长陈宝生同志在现代职业教育发展推进会上指出，“国家社会不仅需要爱因斯坦，还需要爱迪生，我们有孔子，我们还需要鲁班。”

2017年5月，时任中共中央政治局委员、国务院副总理刘延东，天津市委书记李鸿忠，教育部党组书记、部长陈宝生，时任天津市副书记、市长王东峰，教育部副部长李晓红，天津市副市长曹小红等领导参观了“一带一路”现代职业教育鲁班工坊建设纪实展览，提出“鲁班工坊”是中外人文交流机制的重要组成部分。

“一带一路”现代职业教育“鲁班工坊”建设纪实

2017年12月，“鲁班工坊”被中办、国办列为具有中国特色、国际影响的人文交流品牌。

2018年3月《天津市人民政

府办公厅转发市教委关于推进我市职业院校在海外设立“鲁班工坊”试点方案的通知》确定了后续“鲁班工坊”项目的延伸建设。

2018 年 3 月《教育部工作要点》提出，构建教育对外开放新格局，继续实施“鲁班工坊”等特色项目。

2018 年 5 月 6 日，鲁班工坊・建设体验馆正式落成对外开放，中央政治局委员、国务院副总理孙春兰，教育部党组书记、部长陈宝生，中央政治局委员、天津市委书记李鸿忠，市委副书记、市长张国清等领导在参观结束后，对鲁班工坊给予充分肯定。孙春兰副总理认为借助鲁班工坊这一载体把我们的技能传播到国外，服务“一带一路”倡议是值得充分肯定的。

鲁班工坊在海外获得高度重视与认可

“鲁班工坊”得到了所在国家政府的广泛认可和大力支持。目前天津已在“一带一路”沿线国家建成了 5 个“鲁班工坊”，目前还有 3 个正在筹建，在国内外产生了巨大的影响力。

荣获泰国诗琳通公主纪念奖

泰国“鲁班工坊”自建成以来，开展多期培训，辐射泰国全国，培养了大批职业技能人才，为泰国的职业教育做出了积极的贡献。2017 年 2 月 3 日，作为“鲁班工坊”的设计和建设者——天津市教委副主任吕景泉和天津渤海职业技术学院书记芮福宏被泰国公主诗琳通授予“诗琳通公主纪念奖章”。“诗琳通公主纪念奖章”作为泰国皇室诗琳通公主的重要标志，主要授予为泰国社会或人民大众做出贡献的人。

诗琳通公主为芮福宏颁发奖章

泰国职业教育委员会（VEC）副秘书长对吕景泉和芮福宏获得“诗琳通公主奖章”表示了祝贺，他十分感谢天津市教委对泰国职业

会议合影

教育的支持和帮助，对天津渤海职业技术学院和大城技术学院的友好合作和“鲁班工坊”对泰国职业教育起到了很大的推动作用。希望能够和天津继续加强合作，共同推进两国职业技术教育的发展。

赵昆通猜博士在接见中对天津渤海职业技术学院和大城技术学院的合作给予高度评价，认为“鲁班工坊”是泰国职业技术教育同国外学院合作的成功案例和典范，极大地提高了大城技术学院在泰国同类院校中的地位，希望大城技术学院的哲仁院长将与天津渤海职业技术学院的成功合作经验向泰国其他学院推广，促进泰国职业教育的发展。借助天津留学生奖学金项目让更多泰国学生到天津渤海职业技术学院读书。

诗琳通公主奖

为了深化中泰职教合作，2017 年 2 月 4 日上午，在乌泰他尼府技术学院举行了隆重的中泰印度尼西亚三国技术学院的签约仪式。天津渤海职业技术学院、乌泰他尼府技术学院和大城技术学院等 11 所泰国技术学院、10 所印度尼西亚职业技术中学参加了仪式。

芮福宏代表天津渤海职业技术学院和泰国大城技术学院签署了《进一步深化建设泰国“鲁班工坊”合作备忘录》，和乌泰他尼府技术学院等 9 所泰国技术学院、3 所印度尼西亚职业技术高级中学签署《友好合作备忘录》。

印度尼西亚总统佐科·维多多听取印度尼西亚鲁班工坊介绍

2018 年 2 月 5 至 7 日，以“加强教育，促进文化”为主题的印度尼西亚全国教育和文化会议召开。印度尼西亚共和国总统佐科·维多多出席，并听取了印度尼西亚鲁班工坊的情况汇报。印度尼西亚中央和区域两级教育和文化部的工作单位，以及整个印度尼西亚的省、区和市教育办事处包括波诺罗戈技术职业学校共计 1100 余人参加。本次会议对“鲁班工坊”项目做了全面的展示，受到佐科·维多多总统及印度尼西亚各级政府部门和职业院校的广泛关注。

印度尼西亚总统佐科·维多多认真听取“鲁班工坊”介绍

中国驻印度大使高度重视印度鲁班工坊的发展

2018 年 5 月 23 日，天津市教育委员会副主任吕景泉教授、天津市教育委员会国际交流处张健青处长、天津轻工职业技术学院院长戴裕崴、副院长李云梅、天津机电职业技术学院院长张维津等领导，拜会我国驻印度全权特命大使罗照辉及负责教育的官员孙美幸，并进行座谈，向罗大使汇报了印度鲁班工坊的建设情况。

吕景泉副主任首先向罗大使汇报了鲁班工坊的基本情况。他介绍道，鲁班工坊虽然建设时间短，但是效果显著。借力天津市这一国家唯一的现代职业教育改革创新示范区，鲁班工坊制定了五十个国际化专业教学标准，形成了 EPIP 工程创新实践课程教学模式等特色创新。今年职业教育活动周期间在天津轻工职业技术学院建成鲁班工坊建设·体验馆，全面展示鲁班工坊建设纪实和取得的丰硕成果。

拜访中国驻印度大使

戴裕崴随后向罗照辉大使汇报了印度鲁班工坊具体的筹建过程、运行情况和未来发展规划。罗照辉大使表示，中印两国经济互补性非常强，在印度开设鲁班工坊能够助力中国企业走出去，是非常好的举措。罗照辉大使讲到，首先使馆要感谢天津市教委和两所学校的校长，为鲁班工坊筹建所做的贡献，鲁班工坊的建设不仅服务了“一带一路”倡议，是“走出去”的重要举措，同时也是发展良好双边关系的一部分。其次非常支持鲁班工坊建设，双方互有需求，可以做到拾遗补阙，印度制造业不发达、劳动力职业技能不高，而鲁班工坊建设，既能解决在印中资企业用人的燃眉之急，也是中国软实力的推介和硬实力的体现，还能改善印度毕业生的就业情况，是一件大好事。罗大使还认为，印度鲁班工坊的选址可谓非常成功。金奈城市本身地处沿海，交通便利。所在的泰米尔纳德邦地方政党对中国友好，而且吸引外资意愿强烈。最后，罗照辉大使还对今后印度鲁班工坊发展提出了宝贵建议。这次会谈，为印度鲁班工坊在印度的落地生根和可持续发展奠定了良好基础。

中国驻巴基斯坦大使对鲁班工坊建设给予充分肯定

2018 年 7 月 17 日，天津市教委副主任吕景泉教授拜访了中国驻拉合尔总领事馆总领事龙定斌，党委书记、领事杜根起。天津市教委高职高专教育处处长杨荣敏、中等职业教育处处长狄建明，天津现代职业技术学院校长褚建伟陪同。

吕景泉副主任全面介绍了鲁班工坊建设情况，他提出鲁班工坊项目建设获得国家及天津市政府高度关注，巴基斯坦鲁班工坊是继泰国、英国、印度、印度尼西亚后全球第五家“鲁班工坊”，一期着重为中巴两国培养大批的机电一体化技术专业和电气自动化技术专业的师资与人才，满足“中巴经济走廊”建设对技术技能人才培养的需求。

到访首站拜访中国拉合尔总领事馆

巴基斯坦鲁班工坊获得了中国驻拉合尔总领事馆高度肯定。总领事龙定斌表示会对巴基斯坦鲁班工坊项目大力支持和持续关注，希望该项目能成为天津市与旁遮普省的示范项目。党委书记、领事杜根起高度肯定巴基斯坦鲁班工坊合作单位旁遮普省技术教育与职业培训局（TEVTA），他提出 TEVTA 是非常优秀的合作伙伴，旁遮普省的职业技术教育和培训均由其负责，TEVTA 为旁遮普省乃至巴基斯坦工业发展做出了巨大贡献，相信鲁班工坊会进一步放大 TEVTA 影响力。

巴基斯坦旁遮普省政府高度评价鲁班工坊

2018 年 7 月到访期间，天津市教委副主任吕景泉教授分别与旁遮普省工商业与投资部部长尼萨尔、旁遮普省 TEVTA 首席运营官纳西尔·伊克巴尔·马利克就巴基斯坦鲁班工坊建设和运营管理进行了深度探讨。

旁遮普省工商业与投资部部长尼萨尔对天津现代职业技术学院和旁遮普省技术教育与职业培训局共同建设的巴基斯坦鲁班工坊启动运营表示祝贺，鲁班工坊卓越的教学模式和先进的教学设备令人振奋和惊喜。他提出，巴基斯坦鲁班工坊项目建设是巴基斯坦旁遮普省的重大历史性事件，必将为今后中巴职业技术教育深度合作铺平道路，发挥示范作用。

天津市教委与 TEVTA 领导层会谈后留影

国内外媒体的反响

“鲁班工坊”自创建以来，就备受中外政府和社会各界的广泛关注，人民日报、光明日报，以及泰国、印度、印度尼西亚和巴基斯坦等中外各大媒体都相继对其建设历程进行了深度报道。

2016 年 4 月 26 日，光明日报报道中国首所海外“鲁班工坊”落户泰国。报道称，作为中国第一所落户海外的“鲁班工坊”，该工坊以工程实践创新项目教学模式为核心理念和主线。

2016 年 9 月 29 日，人民日报刊发《职业教育的“共享”之路》。报道称，如果说鲁班的名字是中国工匠精神的象征，那么“鲁班工坊”则称得上是中国职业教育“走出去”的标志。天津渤海职业技术学院在泰国大城府大城技术学院建立的“鲁班工坊”正式挂牌运营。它的成立，意味着中国优秀的职业教育成果走出国门，与世界分享优质职业教育资源。

2016 年首个鲁班工坊的建设单位天津渤海职业技术学院被评为“2016 年高等职业院校国际影响力 50 强”，这一奖项是基于设置全日制国（境）外留学生人数、开发国（境）外认可的行业或专业教学标准数、国（境）外技能大赛获奖数量等七项指标排出的，展示了院校的国际影响力水平。▲

建设中英“鲁班工坊”
服务国家“一带一路”
访天津市第二商业学校（天津市烹饪技术学校）校长刘恩丽

2016 年 3 月 28 日，求贤（总第 295 期）杂志报道英国鲁班工坊建成。报道称，中英“鲁班工坊”突出天津职业教育国际化内涵性成果，培养国际化技能人才。▲

2017 年 5 月 30 日，中国教育报头版头条报道了《“鲁班”环游记——鲁班工坊向世界输出中国职教品牌》。▲

Kerjasama Jatim dan Tianjin Luncurkan Luban Workshop di Ponorogo

Author by Danu Bhirawa Posted on 13/12/2017

Delegasi dari Tianjin, Tiongkok bersama Wakil Bupati Ponorogo Drs H Soedjarno MM dan perwakilan guru SMK PGRI 2 Ponorogo melihat beberapa bentuk hibah.

Pemprov Jatim, Bhirawa

Pemprov Jatim berkomitmen meningkatkan kualitas lulusan sekolah menengah kejuruan (SMK), untuk menghasilkan lulusan yang bersertifikasi dan berkualitas sesuai dengan kebutuhan dunia kerja. Salah satu upaya merealisasikannya adalah dengan melakukan kerjasama dengan Pemerintah

印度尼西亚媒体报道“鲁班工坊”建成。▲

2017 年 8 月 19 日，中国教育报头版头条报道了《天津：当好职教改革“领头羊”》。▲

2017年12月16日，天津日报以《天津职教走向世界添新“星”》为题，报道印度鲁班工坊落成。报道称，印度和印度尼西亚两个鲁班工坊的正式运营标志着新时代下，天津把自己的优秀职业教育成果输出国门与世界分享计划的顺利实施，同时天津职业教育的国际化已经进入中高国际交流合作的发展新阶段。

印度媒体对印度“鲁班工坊”的启运仪式进行大篇幅报道。▶

印方媒体对印度鲁班工坊的报道

2018年1月7日，人民日报报道鲁班工坊培养泰国小工匠。报道称，参加鲁班工坊项目的泰国学生赴华深造，实现了中国倡导的工程实践创新项目教学模式在泰国落地，提高了泰国职业教育的人才培养水平。▶

鲁班工坊培养泰国小工匠

本报驻泰国记者　张志文

“中国的这些先进设备来到我的学校，简直是太酷了！”见到记者时，泰国大城技术学院学生颂武昌信主动介绍起这里的鲁班工坊。宽敞的教室里依次划分出仿生机器人学习体验区、电脑鼠走迷宫学习竞赛区、自动化生产线教学区等，10多名泰国学生正在学习操作教学设备。颂武昌信说，有了这些设备，他的学习兴趣一下子提高了，现在已经可以熟练操作包装流水线模型了。

2016年3月，由天津渤海职业技术学院与泰国大城技术学院共同建设的全球首家鲁班工坊正式揭牌，这也是我国在海外设立的首个职业教育领域的“孔子学院”。中泰双方选派优秀的“双师双语”师资队伍，选用最新编制的中英泰三种文字教程，还利用空中课堂、视频、微课等先进手段进行实时教学。一年多来，参加鲁班工坊项目的40余名泰国学生赴华深造，同时实现了中国倡导的工程实践创新项目教育模式在泰国落地，提高了泰国职业教育的人才培养水平。

毗邻大城技术学院的世界文化遗产——大城历史公园，记录着这里曾经的辉煌文明，也激励着泰国年轻人奋发图强。大城技术学院副院长颂差·塔达甘告诉记者，目前学院有11个专业，随着鲁班工坊发展和泰中职业教育合作深入，预计今年学校将开设新能源、数控机床、物联网等前沿专业，这对于正在实施的“泰国4.0”战略和“一带一路”建设具有重要意义。

大城技术学院老师阿丽萨几个月前刚从别的学校调过来。“之前学生只能通过电脑幻灯片和图片学习这些先进技术，由于缺少实物，学生无法训练动手操作能力，而且教学方式也非常单一。”阿丽萨说，鲁班工坊的教学条件在泰国首屈一指，很多设备连理工大学里都没有。同学们学习热情高涨，知识掌握速度也快了许多。中方老师定期赴泰交流，也为泰方老师掌握先进技术提供了渠道。中方同行带来了设备操作的最新方案，很多是创新之举。

中专二年级学生依塔帕去年代表大城技术学院到天津参加了电脑鼠大赛。他的团队通过课程学习和集体协作，利用当地材料制作了两只电脑鼠，虽然外观仍待改善，但凭借这一突破，团队荣获了多个奖项。他说，中国的科学技术和创意产业非常发达，而泰国拥有历史悠久的传统手工艺技术，如果能把二者有机结合，泰国的技术创新将发展更快，这也是他毕业后的理想。

“通过鲁班工坊模式，学生能够熟练掌握中英泰三种语言，培养出独立工作能力，而且拥有先进技术操作经验，实现了全方位发展，这是他们今后走向社会的优势。”颂差对记者说，目前越来越多的泰国职业学校认识到鲁班工坊模式的优势，前来取经学习。相信泰中两国职业教育合作将继续深入发展，鲁班精神也将在这里生根发芽。

（本报泰国大城1月6日电）

学生们正在操作自动化生产线教学设备。　本报记者　张志文摄

2018年7月，巴基斯坦鲁班工坊启动运行式，10家国家及省级媒体《旁遮普日报》《白沙瓦日报》《工业经济日报》《92新闻》等进行了连续报道，赢得社会各界广泛赞誉并掀起一股“中国热”，认为巴基斯坦鲁班工坊项目是中巴友谊的一座新的里程碑，是“一带一路”倡议下中巴职业教育合作的历史性成果，是中巴省级合作的新开端，是中巴友谊新源泉，鲁班工坊项目将有效提升巴基斯坦青年技术水平，培养未来巴基斯坦现代工业体系中的领导者。◀

2018 年 8 月 25 日，人民日报海外版报道 “鲁班工坊铁院中心”在泰国大城技术学院揭牌成立，这座由天津铁道职业技术学院建立的培训中心，是中国在海外建立的第一个高铁类技术技能培训基地。报道称，这是中国职业教育向世界贡献中国智慧的缩影。智行四方的 “鲁班工坊” 正在用自己的工匠品牌，将中国职业教育的发展成果与世界共享。▶

08 科教观潮
人民日报海外版
纪念“一带一路”倡议提出5周年科教系列报道①
“丝路”化雨春满园
——“一带一路”上的中国职教故事
本报记者 孙亚慧

中国职校的非洲“赞”歌
“鲁班工坊”誉行世界
落地生根更要枝繁叶茂
北京新中考：更公平更科学
中国散裂中子源通过验收

People's Daily
Vocational training workshops open around the world to prepare local people to work for Chinese companies
By Li Lei and Qi Xijia | Global Times 04:32, September 14, 2018(GMT+8)
Chinese President Xi Jinping said on September 3 at the opening ceremony of the Beijing Summit of the Forum on China-Africa Cooperation (FOCAC) that China will set up 10 Luban Workshops in Africa to offer vocational training for young Africans, the Xinhua News Agency reported.

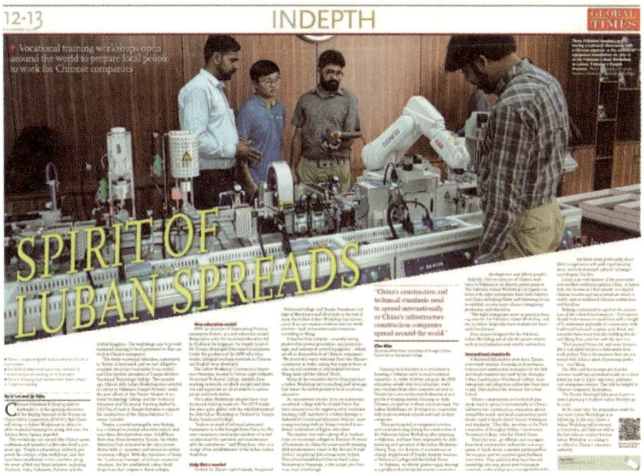
12-13 INDEPTH GLOBAL TIMES
Vocational training workshops open around the world to prepare local people to work for Chinese companies
SPIRIT OF LUBAN SPREADS

2018 年 9 月 14 日，人民日报、环球时报深度报道天津现代职业技术学院专题采访巴基斯坦鲁班工坊启动运营及建设情况。▲

国际型技术技能人才的培养成效

随着鲁班工坊在“一带一路”沿线各国的建立，极大地促进了各国职业教育的人才培养规模与培养质量。截至目前，已建鲁班工坊与海外职业院校已经开设了 15 个国际化专业，培养了规模化的掌握中国技术的国际型职业技术技能人才，为其本土企业和中资企业发展提供服务。

已建鲁班工坊开设国际化专业一览表

序号	工坊名称	开设专业
1	泰国鲁班工坊	机电一体化技术
2		新能源汽车技术
3		物联网技术
4		数控技术
5		高速铁道信号自动控制
6		铁道交通运营管理
7	英国鲁班工坊	中餐烹饪艺术
8	印度鲁班工坊	工业机器人技术
9		机械设计与制造（3D 打印）
10		光伏发电技术与应用
11		数控设备应用与维护
12	印度尼西亚鲁班工坊	汽车维修智能应用
13		无人机技术
14	巴基斯坦鲁班工坊	电气自动化技术
15		机电一体化技术

与此同时，借助鲁班工坊这一平台，相关国家的技术技能人才培养质量得到有效提升。马来西亚和印度尼西亚学生到“泰国鲁班工坊”学习，回国参加国家自动化生产线技能大赛获得一等奖。泰国学生在“泰国鲁班工坊”学习后，2016 年获得第 11 届东盟技能大赛“工业自动化系统”铜牌，2018 年获得第 27 届泰国国家劳动技能大赛工业自动化专业赛项金牌冠军奖。

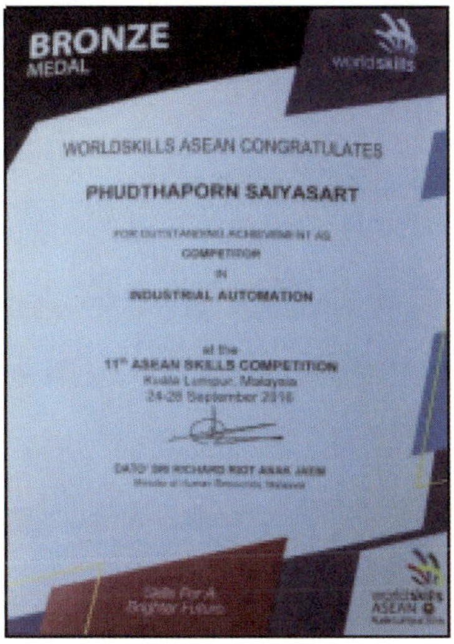

鲁班工坊学生荣获第 11 届东盟技能大赛铜牌

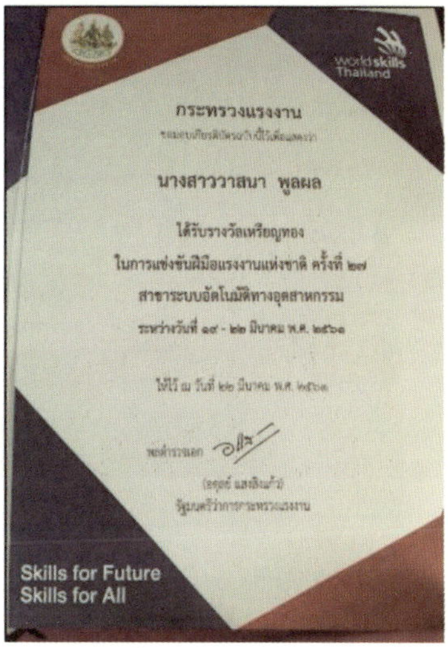

第 27 届泰国国家劳动技能大赛金牌冠军奖

服务国家战略　助力中国企业走出去

“鲁班工坊”助推国际产教对接达成天津共识

2016 年 5 月 8 日，在天津渤海职业技术学院召开现代职业教育国际产教对接会。有来自泰国 13 所职业院校的领导和代表、越南职业院校，天津大学、河北工业大学、天津理工大学、天津相关职业院校、天津渤化永利化工股份有限公司、天津渤化石化有限公司、天津国际联合轮胎橡胶有限公司、中安信科技有限公司、北京联合永道软件股份有限公司、邦振科技（北京）有限公司、天津启诚伟业科技有限公司、天津圣纳科技有限公司、新道科技有限责任公司代表参加了会议，并达成了“天津共识”，就进一步加强国际化、信息化、集团化网络平台建设；协同共建更多的工程实践创新项目实训基地，成立现代

现代职业教育国际产教对接会

泰国大城技术学院院长哲仁致辞

职业教育国际产教对接联盟达成天津共识。

“天津共识”的主要内容：一是加强国际化、信息化、集团化网络平台建设，实现职业教育国际化资源网络共享互动，打造国际化现代职业教育集团；二是在把“鲁班工坊”建设成经典项目和示范项目的同时，加强友好合作，协同共建更多的工程实践创新项目实训基地，增进国际职业教育的学习交流，分享先进办学经验和高新生产技术，逐步扩大合作领域，汇聚更多的战略伙伴和优势力量，实现现代职业教育的国际合作共赢；三是成立现代职业教育国际产教对接联盟，探索现代职业教育国际化发展导向，以提升职业教育国际化水平为目标，积极开展国际和地区间的合作办学，全力打造具有国际水平的现代职业教育体系，为促进各国经济共同发展培养更多、更优秀的创新型技能人才。

在现代职业教育国际产教对接会上，天津渤海职业技术学院与越南胡艺工业学院签订战略合作协议，中国圣纳科技有限公司、中国启诚伟业有限公司与泰国大城技术学院签订科技服务协议，中国启诚伟业有限公司与泰国大城技术学院、越南胡艺工业学院签订工程实践创新项目协议，邦振科技（北京）有限公司与天津渤海职业技术学院签订共建合作项目协议，天津渤海职业技术学院与天津渤海精细化工有限公司签订科研合作协议。

中国天津圣纳科技有限公司、天津启诚伟业有限公司与泰国大城技术学院签订科技服务协议

鲁班工坊助推中国企业国际竞争力的提升

伴随我国产业的国际发展，企业产品输出和服务输出不断增加，输入地的技术保障服务本土化需求日益强烈，要求提高输入国技术服务人员的技术技能水平。

鲁班工坊通过采取职业培训、学历教育等多种方式，在输入地开展职业教育和技术技能培养培训，有力地促进了我国企业的服务和产品输出，提升中国企业在国际上的竞争力。一方面为中国企业走出去培养了急需的技术技能人才，另一方面也为中国企业走出去搭建平台，目前已经取得了显著成效。例如英国鲁班工坊在英国建立了中国食品展示窗，这为天津食品集团的产品输出英国提供了平台；印度鲁班工坊为在印度的中资企业中国中天科技印度有限公司、中国巨轮（印度）私人有限公司、中国中材国际工程股份有限公司、中国昇龙生物科技（印度）有限公司、天津市天锻压力机有限公司提供订单式服务，培养中资企业紧缺的技术技能人才。

印度鲁班工坊校企签署合作协议

再如，东方亨瑞科技发展有限公司承接了空中课堂项目，该公司提供交互智能平板为国内针对教学场景设计的最先进的互动课件工具，泰国对设备非常认可，并于 2016 年 10 月到该公司的工厂进行了实地考察及了解，达成初步合作协议。目前该产品在全球注册了国际品牌 MAXHUB，已经进入泰国市场。

七二九体育器材开发公司是一家专业从事乒乓器材生产的国有控股合资企业。早年受国家体委委托研制乒乓用胶粒，1972 年 9 月产品研制成功并投入生产，命名为“729”。其产品一次又一次伴随着中国国家乒乓球队登顶世界冠军宝座的辉煌历程。2017 年 5 月 8 日，“729”创意文化体验中心也入驻泰国“鲁班工坊”，成为“鲁班工坊”的标配设施。该中心由渤海职业技术学院、七二九体育器材开发公司和大城技术学院联合建设，集“729”文化体验、产品展示销售、技术研发实践、运动训练比赛为一体，旨在弘扬中国国球文化，助推民族品牌走向世界。

“729”创意文化体验中心入驻泰国“鲁班工坊”

举办高端国际论坛形成鲁班工坊影响力

随着鲁班工坊建设规模的扩大，教育部和天津市教委共同举办多场国际论坛，向国内外介绍鲁班工坊，极大地提升了鲁班工坊的影响力。

中国·东盟职业院校高峰论坛

2017年5月9日，中国·东盟职业院校高峰论坛——EPIP教学成果交流分享在天津渤海职业技术学院举行。教育部职成司司长王继平出席并讲话，泰国大城府副省长皮谦、天津市教委副主任吕景泉、天津渤海化工集团有限责任公司副总经理刘振军、天津渤海职业技术学院院长于兰平等领导出席。会议在中国海外首个“鲁班工坊”落成一周年之际，对“鲁班工坊”的成功经验进行总结回顾，进一步推动EPIP教学模式与各国职业教育实践的有效融合，共同探索职业教育国际合作的新模式、新路径。

中国·东盟职业院校高峰论坛

教育部职成司司长王继平在讲话中介绍了鲁班工坊的由来，还讲解了中国传统的班墨文化，指出要重视技能，重视技术，崇尚贤人，崇尚能人，主张和平，平等友爱，希望“鲁班工坊”这艘和平之舟可以到世界更多的地方，给世界各国人民带来和平，带来幸福，带来一些实实在在的帮助。

泰国大城府副省长皮谦表示，此次论坛为中泰之间创造了一个美好的学习机会，互相交换经验与意见，深化了对亚洲，以及其他国家和中国更多的了解。他说，大城是泰国的文化圣地，也是联合国教育科学文化组织（UNESCO）世界遗产名录，拥有辉煌的历史文化遗产和独特的历史遗址。大城正在积极发展旅游、服务、工业和农业等。要与中国建立良好的合作伙伴关系，互相支持与帮助。

吕景泉在讲话中介绍了天津在工程实践创新项目和鲁班工坊建设的主要举措和

成效，他强调要积极打造天津职教国际合作交流新窗口，要努力开拓创新，发挥支点作用，积极探索鲁班工坊多种发展模式。

新加坡黄明吉教授就工程实践创新项目（EPIP）教学成果进行分享交流

会议达成泰国鲁班工坊“5.9”共识：一是谋划建立国际认可的国家资格框架体系，绘制多国在资格、文凭、证书等方面的等高线，在不同国家间找到合理统一的水平面，推进资格框架在各国同行业间互认，促进人力资源的国际化配置。二是深化统筹各国职业教育资源，加速提升国际合作职业教育办学活力和吸引力，构建职业技能人才培养的质量保障机制和新的评价制度，建立国际职业技能人才培养体系，促进职业教育在国际贸易及区域合作中发挥重要作用。三是培育一支聚焦“一带一路”地区和国家的职业教育专家队伍，深入研究职业教育国际合作发展趋势，归纳具有中国特色的职业教育发展经验，进一步完善鲁班工坊、EPIP等先进教学模式，在积极推广过程中不断提升办学经验的可复制性，助推泰国鲁班工坊国际合作模式为更多国家所认识、认可、使用。

天津市教委副主任吕景泉教授讲话

中英职业教育高峰论坛

2017年11月16日，中英职业教育高峰论坛在天津海运职业学院举办。天津市教委副主任吕景泉教授出席论坛并讲话，天津市教委高职高专处处长杨荣敏、中职处处长狄建明，天津成人教育教学教研室主任米靖，国际人工智能与教育学会执行委员会成员、英国伦敦大学副教授Kaska博士，英国Qualifi职业资格颁证机构首席运营官Ray，奇切斯特学院集团首席执行官、奇切斯特学院院长Shelagh，英国超卓教育咨询有限公司董事总经理 Russell 等外方代表，天津海运职业学院书记马魁君、院长武宝林，天津市第二商业学校党委书记、校长刘恩丽，以及来自全市各有关职业院校代表共计 100 多人参加论坛。

奇切斯特学院集团首席执行官、奇切斯特学院院长 Shelagh 女士发言

吕景泉副主任提出中英双方开展的项目合作，是示范区在推进国际合作进程中与英国同行的一次有益的尝试。截至 2020 年，天津市将与教育部联合在境外推广至少 10 个鲁班工坊项目，同时，要对运营的鲁班工坊进行三年一个轮次的质量监测和评价，评审合格的继续支持其建设，不合格的则予以调整，以保证鲁班工坊的项目质量，打造天津国际交流合作的靓丽品牌。他希望，跟英国更多的职业教育学校和机构建立合作关系，通过双方不断的交流、合作和了解，互相学习、互相借鉴、互相帮助，分享彼此发展的经验、成果和模式，通过不懈的努力工作，达成预期的目标，甚至可以将经验、成果推广到更大的范围，实现中英双方的共赢。他表示，今后要加强国际交流和合作，提升天津职业教育的国际合作交流水平，落实“一带一路”倡议。他认为，中国教育要迈向国际教育舞台的中心，需要强有力的职业教育的支撑，需要中国声音、中国模式、中国标准和中国主张。

中英双方框架合作协议签约仪式

英方 Shelagh 女士表示，通过这次活动使得中英双方增深了相互的了解

中英餐饮职业教育联盟成立仪式

和信任，很高兴有机会跟天津市的职业院校取得合作，使得英国的学生能够接触、了解和学习到灿烂辉煌的中国职业教育技术和文化。在此良好合作的基础上，希望今后加强交流，不仅仅是分享英国的一些做法，更重要的是多向中国学习职业教育发展的先进经验和优秀成果。

论坛期间，天津海运职业学院、天津机电职业技术学院、天津医学高等专科学校、天津体育职业学院、天津市第二商业学校、天津体育运动学校等院校与英国达德利学院、英国奇切斯特学院、英国希韦克学院和英国超卓教育顾问有限公司分别签署了相关项目的意向合作框架协议书。此外，还成立了由政、行、企、校、研五方人员组成的中英餐饮职业教育联盟，并将其打造成品鉴、品位、鉴赏中英餐饮文化和技术的一个综合平台和窗口。

中国·印度尼西亚职业学校校长论坛

2017年12月26日，东丽区职业教育中心学校举办中国·印度尼西亚产教融合校长论坛。天津市教育委员会、东丽区政府、东丽区教育局等中方领导出席论坛；印度尼西亚东爪哇省教育局、东爪哇省驻天津交流中心等印度尼西亚方领导出席论坛。另外，出席此次论坛的还有东爪哇省职业技术学校校长代表团、天津市的职业院校校长代表团、企业代表。双方围绕两国职业教育发展成果和特色、职业教育与产业对接、鲁班工坊的建设与运营、农业机械知识等进行了深入交流。

中国·印度尼西亚职业学校校长论坛

中国·泰国职业院校校长论坛

2018年1月10日，由天津市教育委员会和泰国教育委员会主办，天津渤海职业技术学院和天津铁道职业技术学院承办的中国·泰国职业院校校长论坛在天津渤海职业技术学院召开。教育部职业教育与成人教育司副司长雷鸣、天津市教育委员会副主任吕景泉、泰国职业教育委员会高级顾问瓦尼出席并讲话。论坛上，天津渤海职业技术学院院长于兰平、泰国大城技术学院院长哲仁、天津铁道职业技术学院院长于忠武、泰国班派工业与社区学院院长阿雅、天津骥腾科技有限公司总经理崔鹏分别就鲁班工坊建设、深化校企合作、产教融合和国际交流作了专题报告。

产教融合与“一带一路”沿线国家职业教育合作 2018年职业教育国际研讨会

2018 年 5 月 7 日，由教育部职业技术教育中心研究所、天津市教育委员会主办，宁波职业技术学院、天津职业大学承办，全国高职高专校长联席会议、“一带一路”产教协同联盟协办的“相通・融合・发展——产教融合与‘一带一路’沿线国家职业教育合作”2018 年职业教育国际研讨会在天津职业大学隆重举行。来自联合国教科文组织、世界银行、印度、印度尼西亚、泰国、叙利亚、巴基斯坦、英国等 8 个国家的外方嘉宾与国内 23 个省、自治区、直辖市的政府机构、行业企业、职业院校、协会代表及天津市院校代表近 400 人出席会议。

2018 年职业教育国际研讨会

天津市教委刘欣副主任提出，要以习近平总书记指出的“坚持和平发展道路，推动构建人类命运共同体”为契机、为指引、为抓手，充分发挥职业教育在“一带一路”建设中的技术技能型人才支撑作用及人文交流中的桥梁作用，通过推进“一带一路”沿线国家产教协同，打造职教发展平台，为沿线国家提供职业教育的中国方案和中国智慧，推进职业教育共同发展，以此增进民心相通，国家互信。

教育部职教中心王扬南所长指出，作为与经济发展联系最为紧密的一种教育类型，职业教育在“一带一路”建设中肩负重要使命。我国充分发挥职业教育在国际发展援助中的作用，将为发展中国家培养 50 万名职业技术人员，帮助发展中国家发展经济、改善民生；充分发挥职业教育在中外双边、多边人文交流中的作用，不断推进“一带一路”沿线各国人民相知相亲，推进民心相通。积极推动职业院校协同企业“走出去”，在国（境）外办学，为走出去企业培养培训技术技能型人才；不断扩大提供政府奖学金的范围，扩大职业院校招收国外留学生的规模，培养共建“一带一路”急需人才，支持沿线各国实现政策互通、设施联通、贸易畅通、资金融通；依托在贵州定期举办的中国—东盟教育交流周、在广西定期举办的中国—东盟职业教育高峰论坛等平台，积极推动职业教育领域的深度合作、互学互鉴，携手促进“一带一路”沿线各国职业教育发展，全面提升了区域职业教育影响力。因此要在更大范围、更高水平、更深层次开展广泛合作，对接各国意愿，互鉴各国经验，共享优质资源，全面推动各国职业教育提速发展。一是以双边、多边人文交流为基础，构建“一带一路”国家职业教育互联互通合作新机制。二是以制度、标准为引领，共建共享区域职业教育标准和资格框架体系。三是以“产教融合、校企合作”为支撑，支持职业院校协同企业走出去，在国（境）外办学，为走出去企业和“一带一路”建设培养技术技能人才。四是以服务“一带一路”，推动加快完善“走出去”的配套政策。

天津渤海职业技术学院于兰平院长做专题发言，对天津鲁班工坊的建设进行了整体介绍，指出“鲁班工坊”是天津市教育服务“一带一路”所打造的一个品牌项目，采用先进的工程实践创新项目（EPIP）教学模式，结合当地的经济发展和中国的先进产业技术，将技能培养融入工程项目中，实现培养创新人才的目标。“鲁班工坊”的重要使命，就是让世界了解和认识中国企业，认同中国技术标准，同时助推中国民族企业技术升级改造，在教学过程中把中国优秀的传统文化、工匠精神、创新精神展示和分享给世界。

EPIP 国际教育联盟论坛

2018 年 5 月 8 日，EPIP 国际教育联盟论坛在天津渤海职业技术学院举行，天津市教育委员会副主任吕景泉教授出席会议并做主旨发言。

天津市教育委员会副主任吕景泉做主旨发言

会上，天津渤海职业技术学院院长于兰平致辞，对与会的国际友人、嘉宾和领导表示热烈欢迎。他表示，EPIP 模式是以实际工程项目为导引，以实践应用为导向，以创新能力培养为目标，以项目实践为统领的应用型技术技能型人才培养新途径。希望 EPIP 联盟成员单位共同努力，为推进职业教育的发展和加强渤海、东西部的交流与合作，增强中国职业教育走出去、服务国家一带一路倡议的能力贡献力量。

论坛交流阶段，新道科技股份有限公司华北区域总经理蒋小燕、泰国大城技术学院院长哲仁、山东商务职业学院校企合作处处长范彩荣、南开大学电子信息实验教学示范中心副主任高艺博士、英国伯明翰城市大学电脑鼠专家 PeterHarrison 教授，分别围绕鲁班工坊建设、EPIP 理念下贯通式人才培养模式研究与实践等主题进行了发言。

会上，Peter Harrison 教授被聘为天津渤海职业技术学院客座教授及 EPIP 联盟专家，为新加入 EPIP 国际教育联盟的院校颁发入盟证书。

吕景泉副主任做了精彩的主旨发言。他说，近年来，职业教育教学一直处在改革创新之中，已经从知识传授向能力提升转变。职业教育更加注重实践教学，强调专业核心技术、技能的培养，突出综合技能实训，强调真实环境下的工程实践教学，创设工程实践创新套件开展教学，在重视技能教学的同时创设快乐学习的氛围，全方位提升了学生的技术技能水平。

吕景泉提出，职业教育是为社会经济发展服务的，必须与经济发展紧密联系，因此，天津市教委极力推动专业建设与产业、行业、企业、职业密切联系，互相对接，协同联动的“五业联动”战略，进一步密切了职业教育与社会经济发展的关系，让职业教育更好地服务经济建设，又让经济发展更好推动职业教育改革。

吕景泉提出，改革开放四十年来，天津市的职业教育取得了长足的发展。为更好地服务“一带一路”倡议，我们以鲁班的“大国工匠”形象为依托，在印度、泰国、印度尼西亚等国家设立鲁班工坊，天津市作为国家现代职业教育改革创新示范区，采用学历教育与职业培训的方式，将优秀职业技术和职业文化输出国门与世界分享，搭建起了天津职业教育与世界对接交流的平台。EPIP 国际教育联盟成立一年多来，让更多的“一带一路”沿线国家共享了我国职业教育改革发展四十年的成果。联盟正在不断扩大，职业教育国际合作正在向纵深发展，必将取得更为丰硕的成果。

EPIP 联盟作为国际社会、经济、文化、教育发展水平的新型交流平台。举办本次论坛活动，就应用、推广 EPIP 教学模式，实现优质教育资源的互补和共享、提升学生在工程实践创新方面的能力等方面展开深入交流，对于进一步促进中外人才发展和职业教育创新发展，推动多层次、高质量的职业教育国际交流合作，将中国职业教育的先进职教理念、教育教学模式、教学技术装备、国际化专业教学标准以及高水平师资培训与“一带一路”沿线国家互融共享发挥了积极作用。

泰国鲁班工坊成立一周年庆典暨 729 创意体验文化中心落成仪式

除了举办国际职教论坛，还举办了多样化的国际交流活动。2017 年 5 月 22 日，天津市教委副主任吕景泉、天津渤海化工集团有限公司副总经理刘振军出席了在泰国大城技术学院举行的中泰职业教育合作交流“泰国·大城周”活动。同时参加活动的还有天津教委高职高专处处长杨荣敏、中职中专处处长狄建明以及泰国金佛寺副住持帕龙芒克拉攒·赵昆通猜，泰国大城府省长苏金，教育部秘书长苏贴，大城府副省长皮谦、大城技术学院院长哲仁、天津渤海职业技术学院院长于兰平等领导。

中国天津渤海园落成

赵昆通猜在讲话中提出，在过去一年里，见证了鲁班工坊在泰国的蓬勃发展，感谢天津市的支持，随着中国“一带一路”倡议和京津冀协同发展战略，中泰、大城和天津之间的交流合作发展都带来新的机遇，他将一如既往的支持鲁班工坊的发展，支持两地间的各项合作、交流，并要求大城技术学院努力做好鲁班工坊。

吕景泉在讲话中提出，在泰国鲁班工坊成立一周年庆典之际，我们带来的第一种东西，是中国国字号运动——乒乓球，为鲁班工坊增添了运动文化盛宴，729 在中国、在世界都是非常知名的运动品牌，中国有句话叫“工欲善其事，必先利其器”，我们 729 乒乓球，从台子、到球都是最好的设备。预祝今天一周年庆典圆满成功，面向未来新的一年，希望鲁班工坊越做越好，影响力更大，特别是在哲仁校长带领下，能够落地生根，取得更大成就。

刘振军向泰国大城技术学院师生赠送了乒乓球器材和礼物，指出 729 体育器材是渤海化工名牌产品之一，729 既是中国名牌，又是世界名牌，729 曾经帮助 30 多名乒乓健儿夺得世界冠军，希望 729 器材帮助泰国和大城技术学院的学生夺得世界冠军。

与会领导共同为 729 文化创意体验中心、EPIP 教学研究中心和海外师生实践拓展基地、天津渤海园揭牌，并种下中泰友谊之树。

于兰平在发言中提出 EPIP 教学研究中心是 EPIP 国际教育联盟成立后在成员国中建设的第一个研究中心，旨在积极推广 EPIP 教学模式，实现优质教育资源的交流和共享，提升学生工程实践创新能力与水平。同时为了解国际社会、经济、文化、教育发展水平提供交流平台，为中外人才发展提供交流互动平台为宗旨，努力促进 EPIP 教学模式在中国、世界范围内应用推广，推动中国、世界技术技能人才培养的长足发展。

EPIP 教学研究中心揭牌仪式

按照天津市教育委员会倡导的“天津市职业院校教育资源，愿意向包括泰国在内的所有东盟各国家的职业院校师生开放”的原则，天津渤海职业技术学院与泰国大城技术学院共建海外师生实践拓展基地。为了进一步促进两校之间师生的友好往来，增进友谊，加深了解，培养国际视野的技能人才，两校将各自的校园技术实践训练基地向彼此师生全面开放，接纳来自双方国家的师生学习、交流、培训，并提供方便条件。

吕景泉在会见泰国留学生代表时提出，向留学生提出希望要求：一是要利用去天津市之前的几个月努力学好汉语，解决好语言问题。二是要积极学习职业教育先进的理念、掌握先进的设备。三是要广泛交友，做中泰文明的使者。留学生纷纷表示，感谢天津市教委、天津渤海职业技术学院给予的支持和帮助，要努力学习汉语和专业知识，为中泰友谊做出贡献。

天津职业院校师生海外拓展基地揭牌仪式

鲁班工坊的未来发展

鲁班工坊的发展规划

未来，鲁班工坊的发展目标是紧密围绕“一带一路”建设需求，服务“中国制造 2025”，配合中国产业走出去，协同相关的行业企业，充分发挥专业和国际合作优势，加快鲁班工坊的建设速度，主要任务包括两个方面，一是深化已落成鲁班工坊的建设，二是扩大鲁班工坊的建设规模。

首先，深化提升已建鲁班工坊的建设水平，全方位探索鲁班工坊建设和发展模式、路径，提升其为当地企业，尤其是中资企业的服务能力。应用并完善已有的 50 个国际化专业教学标准，结合“鲁班工坊”的建设需求，继续开发 50 个国际化专业教学标准。推进国际化现代职业教育体系的构建，面向所在国人才需求，充分借助海外成熟的技术技能人才培养及培训体系，在海外建成的“鲁班工坊”探索构建“中高本硕”贯通的国际化的现代职业教育人才培养体系，培养了解中国文化、通晓国际规则、服务中国企业走出去的海外当地技术技能人才。以“鲁班工坊”为载体，开发职业院校教师、学生海外游学与实践项目，使“鲁班工坊”成为天津职业院校全面拓展和提升师生国际化水平的重要基地。依托“鲁班工坊”推进全国职业院校技能大赛国际化，充分发挥“鲁班工坊”与国际职业教育深度交融的优势，以之作为“国赛”对接“世赛”的交点。

其次，扩大鲁班工坊海外建设规模。按照天津市政府对鲁班工坊发展规划 2020 年鲁班工坊的建设规模将达到 10 个，其中 2018 年计划建立 3 个。除此之外，还将按照习近平总书记在 2018 年中非合作论坛北京峰会的指示，加快非洲鲁班工坊的建设，未来将在非洲建设 10 个鲁班工坊。

鲁班工坊分布树状图

在建项目介绍

葡萄牙鲁班工坊

一、建设背景

中国和葡萄牙于 1979 年建交，至今已 39 年，两国在政治、经贸、文化、科技、军事等各领域的友好合作关系不断发展。2005 年中国与葡萄牙建立全面战略伙伴关系后，进一步推动了两国友好合作关系的发展。塞图巴尔理工学院坐落于葡萄牙西南部的港口城市塞图巴尔。塞图巴尔位于萨杜河口湾北岸，里斯本东南 32 公里，拥有巨大的经济、贸易价值，港口和军工业也居于重要地位。

塞图巴尔理工学院 (Instituto Polit é cnico de Set ú bal) 成立于 1979 年，是一所公立高校，学校有两个校区，分别位于塞图巴尔与巴雷罗。学校目前在校生 6500 余名，教师 500 名。学校有 12 个专科专业，29 个本科专业，23 个本硕连读专业，以及 28 个硕士专业。

葡萄牙塞图巴尔市

学校设有 5 个学院：塞图巴尔科技学院、教育学院、商学学院、巴雷罗技术学院和健康学院。所开设的本科专业主要有：自动化机器人和工业控制、生物医学工程、环境工程、信息工程、艺术遗产推广、葡萄牙手语翻译与阐释、化学工程、护理学、理疗、言语治疗等。

塞图巴尔理工学院

二、建设过程

2018 年 6 月 11 日，在天津市海河教育园科技工作者之家举行了由天津市教委主办、天津机电职业技术学院承办的“中葡职业教育研讨会”。研讨会以促进中葡职业教育国际交流与合作为主题进行，与来自葡萄牙里斯本理工学院、莱利亚理工学院和塞图巴尔理工学院的院校代表共同商讨中葡两国职业教育的合作与交流。

中葡职业教育研讨会

2018 年 6 月 12 日，天津机电职业技术学院、天津商务职业学院、天津医学高等专科学校与葡萄牙里斯本理工学院、莱利亚理工学院及塞图巴尔理工学院签署合作备忘录，中葡双方院校将在专业建设、师资培训以及学生交流等方面展开合作。

签署合作备忘录

2018年7月，天津机电职业技术学院出访里斯本理工学院及塞图巴尔理工学院，了解两所院校的整体情况，详细考察了机械及电气工程专业实训室，出席中葡职业教育研讨会，并参观两家企业。天津机电职业技术学院与塞图巴尔理工学院就在葡萄牙建设“鲁班工坊”达成初步意向。

2018年8月，天津市教委在听取天津机电职业技术学院就两校在地理位置、合作基础（师资水平、专业设置）等情况的工作汇报之后，对葡萄牙鲁班工坊的建设做出部署，同意天津机电职业技术学院与葡萄牙塞图巴尔理工学院共建中葡“鲁班工坊”，初期合作专业为工业机器人技术和电气自动化技术两个专业。

吕景泉副主任为塞图巴尔理工学院校长助理苏珊娜女士颁发 EPIP 证书

天津机电职业技术学院领导在塞图巴尔理工学院考察

参观英赛技术服务公司

2018 年 8 月至 9 月，经双方商议，中葡“鲁班工坊”建设场地确定于塞图巴尔理工学院主校区图书馆。天津机电职业技术学院制定出建设方案，组建项目工作机构，制定项目建设专项制度，确定了项目完成指标及完成时间，定期进行项目建设推进，确保鲁班工坊建设项目的顺利推进。

2018 年 9 月 19 日，天津机电职业技术学院将与塞图巴尔理工学院在天津签署建设意向书，并就建设鲁班工坊相关事宜及细节进行深入探讨和确认。

三、建设规划

为促进中国和葡萄牙职业教育交流，共同培养中葡两国的应用型技术技能人才，经过双方充分交流和友好协商，天津机电职业技术学院与塞图巴尔理工学院计划于 2018 年 9 月 19 日在天津签署建设意向书，并就建设鲁班工坊相关事宜及细节进行深入探讨和确认。中葡鲁班工坊将成为中国在欧洲建立的第二个鲁班工坊，同时也是天津机电职业技术学院在海外建立的第二个鲁班工坊。

中葡“鲁班工坊”选址于塞图巴尔理工学院巴雷罗技术分院，总占地面积约为 650 平方米。整体建设将分为三个阶段：一是建设筹备阶段，与葡萄牙塞图巴尔理工学院商讨并明确工作分工。二是准备阶段，计划 2018 年 11 月底完成设备采购、运输、安装、调试与培训。三是启动运行阶段，预计 2018 年 12 月在葡萄牙举行中葡“鲁班工坊”运行启动仪式。

澜湄职业教育培训中心

一、建设背景

2016 年 3 月 23 日，李克强总理在海南省三亚市主持召开“澜沧江湄公河”合作首次领导人会议上建议未来 3 年将提供 1.8 万人 / 年政府奖学金和 5000 名来华培训名额，并愿探讨在澜湄沿岸各国设立职业教育培训中心，项目由外交部、教育部、天津市政府落实。天津市政府高度重视并召开专项工作对接会，成立了由天津市外办、天津市教委、天津市商务委组成的工作组，工作组确定由天津中德应用技术大学负责澜湄职业教育培训中心的建设任务。

柬埔寨

合作学校——柬埔寨国立理工学院。柬埔寨国立理工学院是一所公立的职业教育与技术培训学院，被誉为柬埔寨技术与职业教育领域的领军院校，始建于 2005 年，学校秉承国际合作理念，先后与 12 个国家和地区开展 100 余项合作，先后建立了 30 多个校企合作项目，学校以构建现代化职业教育体系、服务东盟五国和周边国家为发展目标。

柬埔寨国立理工学院

二、建设过程

2016 年 11 月 7 日至 10 日，柬埔寨国立理工学院校长及其团队一行 7 人访问

天津中德应用技术大学与柬埔寨国立理工学院签署合作框架协议

天津中德应用技术大学，双方签署了中柬职业培训中心合作框架协议，确定机电一体化和通信技术两个专业为初期合作专业领域。

2016 年 12 月 14 日，柬埔寨副首相贺南洪一行到访天津中德应用技术大学参观，给予学校高度评价。

2016 年 12 月 23 日，在柬埔寨召开的澜湄合作第二次外长会议上，王毅部长宣布设立包括由天津中德应用技术大学建设的中柬职业培训中心在内的 13 项“一带一路”新倡议项目。

2017 年 2 月，中柬培训中心建设方案上报外交部，外交部确定中柬职业培训中心更名为澜湄职业教育培训中心。

应邀参加柬埔寨展望年会

2017 年 3 月 2 日，张兴会校长应柬埔寨发展研究院（CDRI）之邀在“2017 柬埔寨展望年会”做“发展职业教育，培养应用型人才”主旨发言，并赴柬埔寨国立理工学院（NPIC）进行实地调研。

2017 年 3 月 19 日至 4 月 1 日，张巾帼副校长带工作组赴柬埔寨国立理工学院（NPIC），深入调研柬埔寨产业布局、市场环境、人力资源需求，考察了柬埔寨部分中方、柬方企业，向驻柬埔寨大使馆谭参赞和柬埔寨劳工部秘书长、政府顾问汇报了项目进展情况，并对项目管理模式、运行机制、建设方案及招生计划等八项工作与柬埔寨国立理工学院领导和教师进行了深度对接。

2017 年 5 月 15 日，柬埔寨政府顾问索西帕那博士在中德大讲堂为中德师生进行了以《柬埔寨与中国“一带一路”发展》为题的英文讲座。

2017 年 6 月 13 日，柬埔寨外交部澜湄合作司司长一行 6 人到学校考察，对澜湄项目进展表示赞赏，并承诺通过柬埔寨外交部对项目提供支持。

2017 年 10 月 23 日，柬埔寨邮电部副国务秘书科琳女士来访，并护送首批柬埔寨 16 名本科留学生来学校学习。科琳女士表示回国后，与柬劳工部进行沟通，推动澜湄职业教育培训中心项目持续进行。

柬埔寨师资培训

2017 年 11 月 26 日—2018 年 1 月 6 日，6 名柬埔寨教师来校进行专业和语言培训。

2017 年 12 月 12 日，由柬埔寨、老挝、缅甸、泰国、越南五国主流媒体资深记者及人民日报记者 27 人组成的联合采访记者团到访天津中德应用技术大学深入了解该校服务“一带一路”及澜湄职业教育培训中心建设情况。

联合采访记者团采访

三、建设规划

澜湄职业教育培训中心伴随“一带一路”倡议而生。项目建设目标为，用五年左右的时间将培训中心打造成“立足柬埔寨、服务澜湄五国、辐射东盟十国，学历教育与非学历教育并举的按照市场化运作的国际化职业培训中心”。

澜湄职业教育培训中心初期建成机械加工技术实训中心、电气技术实训中心、通信技术实训中心 3 个实训中心共 17 个实训室，6800 多平方米。

项目实施“三步走”战略。

第一步（初期）：2017.1—2018.12

1. 完成项目基础设施建设和三个实训中心等硬件建设；

2. 开展面向中柬企业和柬埔寨民众的机电一体化和通信技术两个专业的技术培训。

第二步（中期）：2019.1—2020.12

1. 增设智能制造、电力系统及其自动化、旅游、物流工程等专业培训；
2. 筹备学历教育。

第三步（远期）：2021.1—2022.12

1. 增设汽车维修、建筑电气等专业培训；
2. 全面开展学历教育；
3. 开展应用型本科教育试点；
4. 项目实施市场化运作。

吉布提鲁班工坊

一、建设背景

吉布提位于非洲东北部亚丁湾西岸。亚吉铁路（埃塞—吉布提铁路）是中土集团承建并运营的非洲第一条全部采用中国标准和中国装备的电气化铁路，是“一带一路”的标志性成果。吉布提“鲁班工坊”是天津市 2018 年重点建设项目，得到了中土集团埃塞公司、吉布提公司的大力支持。

吉布提

二、建设过程

2017 年 10 月，天津铁道职业技术学院与中土埃塞公司达成共建吉布提“鲁班工坊”意向。

2018年3月，吉布提“鲁班工坊”建设项目列入2018年天津市政府重点推进工程。

2018年4月初，天津铁道职业技术学院与吉布提教育部签署合作备忘录，吉方愿与学院共建“鲁班工坊”。双方协议将于2018年9月前在该国最大的职业院校——吉布提工商职业学校建成非洲第一家“鲁班工坊”。

吉布提工商职业学校

2018年5月6日，国务院副总理孙春兰在视察天津市时指出“吉布提‘鲁班工坊’这个项目很好，要支持。”天津市委书记李鸿忠、市长张国清提出，要从政府层面做好与教育部和中土集团的对接工作，保证鲁班工坊建设的顺利进行。

天津铁道职业技术学院与吉布提教育部签署合作协议

三、建设规划

吉布提鲁班工坊面向“亚吉铁路”及中非铁路运营维护企业，采用政府、企业、院校“三位一体”的建设模式，开展铁路技术培训和学历教育，培养本土化技术技能人才。

第五部分

鲁班工坊建设体验馆

鲁班工坊建设·体验馆

鲁班工坊建设·体验馆

2018 年 4 月，在教育部职业教育与成人教育司和天津市教育委员会的具体指导下，天津轻工职业技术学院与天津市其他职业院校通力合作，创建了我国首个以鲁班工坊为主题的红色教育场馆——鲁班工坊建设·体验馆。

鲁班工坊建设·体验馆依托鲁班工坊的建设与发展，重点展示我国职业教育对外开放成果和天津市国家现代职业教育改革创新示范区成果。体验馆整体面积 560 平方米，其中主厅 420 平方米，序厅 140 平方米。序厅包括寓意和形象墙两部分，主厅包括序言、建设缘起和内涵、建设历程、已建成的鲁班工坊展区、建设中的鲁班工坊展区、空中课堂、鲁班工坊研究与推广中心、政策保障和展望 12 部分。场馆设计兼具体验性和艺术性，融合中国和各鲁班工坊所在国家的文化特色，将古老“班墨文化”与现代信息技术相结合，以多元形式呈现鲁班工坊建设的历程和成效，让

鲁班工坊建设·体验馆文化墙

参观者真实感受新时代的匠气、匠心、匠技。

来到鲁班工坊建设·体验馆，每一位参观者都会被正门的精巧设计所吸引，体验馆的正门采用不规则的设计理念，将“鲁班工坊建设·体验馆”几个大字置于大门正上方，大门左侧以祥云为装饰，汉隶字体书写“鲁班工坊”标识渗透出浓厚的中国传统文化底蕴，正门背景墙以各个鲁班工坊所在国家文字形式呈现合作院校的名称，彰显鲁班工坊这一中外人文交流国际知名品牌的国际

序言区和建设历程展示区

化特征。

走进鲁班工坊建设·体验馆最先映入眼帘的是被赋予众多美好愿景的寓意墙，寓意墙中间是鲁班工坊的logo，左侧用中英文讲述了logo的设计理念与寓意，右侧是目前已经建成和未来将要建设的鲁班工坊，在寓意墙下方的省略号，则表示未来会建设更多的鲁班工坊。寓意墙上用中文阐述了鲁班工坊建设应遵循的五项基本原则：平等合作、优质优先、因地制宜、强能重技和产教融合。背景部分则是用英文、泰文、印度泰米尔语、印度尼西亚语等不同国家文字撰写的鲁班工坊及境外合作院校名称。在通往体验馆的通道入口处正上方的形象墙，正中心标明鲁班工坊是中外人文交流国际知名品牌，四周的笑脸照片是来自海内外100多名在鲁班工坊学习与工作的师生，他们笑靥如花，彰显蓬勃生命力，欢迎着每一位前来参观的人。

体验馆内部主厅以习近平总书记在“一带一路”国际合作高峰论坛的讲话为开端：

2000多年前，我们的先辈筚路蓝缕，穿越草原沙漠，开辟出联通亚欧非的陆上丝绸之路；我们的先辈扬帆远航，穿越惊涛骇浪，闯荡出连接东西方的海上丝绸之路。

序言右侧是一条贯穿于2010年至今的鲁班工坊建设时间轴，全面展示了鲁班工坊的建设历程，记录了从2010年3月教育部与天津市人民政府签订“国家职业教育改革创新示范区”协议，建设唯一的“国家职业教育改革创新示范区”开始，到2010年10月启动工程实践创新项目（EPIP）建设，2016年3月天津渤海职

鲁班工坊建设·体验馆主展厅

业技术学院在泰国大城技术学院建立中国首个境外鲁班工坊，再到 2018 年 3 月天津市人民政府《关于推进职业院校在海外设立“鲁班工坊”试点方案》等鲁班工坊提出与发展的整个过程以及未来的建设目标。时间轴采用不同颜色的标识分别从不同的维度对整个过程进行说明，其中红色代表政策文件，蓝色代表工程实践创新项目，绿色代表技能大赛，黄色代表国际化专业，黑色代表鲁班工坊建设纪实。

顺着展馆参观路线，亦物亦景、移步易景，海外建成的泰国鲁班工坊、英国鲁班工坊、印度鲁班工坊、印度尼西亚鲁班工坊等依次呈现在参观者面前，借由带有生命的文字、音像、光影、展品，仿佛身临其境一般。对于在建的柬埔寨鲁班工坊、吉布提鲁班工坊等项目则通过电子屏展示其正在取得的阶段性成果，同时在旁边还为未来建设的鲁班工坊预留了空地。

在鲁班工坊建设·体验馆空中课堂体验区，区域中央是巨大的多媒体显示屏，四周是 91 幅珍贵的在鲁班工坊建设过程中，中外师生在教学、培训与活动交流的场景图片。借助空中课堂，中国的师生在体验馆可以直接与境外的鲁班工坊学习的外国师生进行实时沟通、交流学习，了解国外的最新资讯。对外开放期间，滚动播出鲁班工坊建设纪实片，以动态形式展现每一个建成与在建鲁班工坊所取得的成就与建设过程。

在建鲁班工坊展区

接下来是鲁班工坊研究与推广中心展示区与政策墙，这一区域展示了鲁班工坊的理论研究与实践探索成果，以及“一带一路”国家发展战略和天津市政府的相关政策，包括 2013 年习近平总书记首次在哈萨克斯坦和印度尼西亚提出的共建丝绸之路经济带

空中课堂和鲁班工坊研究与推广中心展示区

和21世纪海上丝绸之路即“一带一路”倡议，教育部出台的《推进共建“一带一路”教育行动》，以及天津市人民政府颁布的《关于推进职业院校在海外设立鲁班工坊试点方案》。

与一般体验馆不同的是，在鲁班工坊主厅正中央还设计了极为精巧的绿色休闲区域，一条曲径通幽的绿色植物带与展区相互映衬，其中绿植，常绿常新，寓意鲁班工坊中外合作同生共长；竹子，坚韧挺拔，象征鲁班工坊孕育的中外友谊也将像翠竹一样情深义重、万古长青。观览过程中，参观者可在此稍作放松，踱步于微型竹林与植被中静心感受鲁班工坊建设·体验馆营造出的文化氛围。

绿色植物带

体验馆最后以习近平总书记在哈萨克斯坦和印度尼西亚提出的共建丝绸之路经济带和21世纪海上丝绸之路倡议为结尾：“2013年秋天，我在哈萨克斯坦和印度尼西亚提出共建丝绸之路经济带和21世纪海上丝绸之路，即“一带一路”倡议。“桃李不言，下自成蹊。”无论相隔多远，只要我们勇敢迈出第一步，坚持相向而行，就能走出一条相遇相知、共同发展之路，走向幸福安宁和谐美好的远方。”这为鲁班工坊未来的发展建设指明了方向。

展望区

鲁班工坊建设·体验馆的落成，受到各级领导和社会各界的高度重视及广泛关注。2018 年 5 月 6 日，中央政治局委员、国务院副总理孙春兰，中央政治局委员、天津市市委书记李鸿忠，市委副书记、市长张国清，教育部党组书记、部长陈宝生等领导到体验馆参观，给予充分肯定。截至目前，体验馆先后接待了来自国家各部委的领导，省市级领导，省市级教育厅领导，来自泰国、英国、印度、印度尼西亚、加拿大等国的政府官员，以及海内外职业院校的师生、合作企业和社会各界人士，联合国上合组织的国际合作项目学员等，参观人次超过 1.5 万，产生了巨大的社会影响力。

泰国鲁班工坊体验区

泰国鲁班工坊是中国境外首个“鲁班工坊”，由天津渤海职业技术学院、天津铁道职业技术学院和泰国大城技术学院共同建设。经过三期建设，建成一工坊两中心，即泰国鲁班工坊，渤海中心、铁院中心，面积达到 2000 平方米。目前开设机电一体化、新能源汽车技术、数控技术、物联网技术、高速铁道信号自动控制和铁道交通运营管理 6 个专业。▲

泰国大城技术学院哲仁校长通过远程空中课堂，激动地说，EPIP 教程太好了，我们要广泛地应用于各个专业的教育教学中，并在泰国的职业院校进行推广。▶

2016 年入学的泰国留学生大山，在机电一体化技术专业学习。天津电视台专门拍摄了《大山的小梦想》主题纪录片，记录下他在天津的留学历程，展示了天津的职教教师，如何用中国的职教技术、职教文化点燃了一个 10 多岁泰国孩子对技术学习的梦想。◀

鲁班工坊的功能不仅是传授中国的职业技术、职业文化，同时也是联系两国人心相通的桥梁。上图为中国师生与来自泰国的留学生们共同庆祝泰国的传统节日泼水节。中国师生为泰国师生送来了节日礼物，泰国师生为中国师生佩戴上亲手编织的祝福花环。中泰师生互相泼水致以节日的祝福，师生无不兴高采烈，活动中处处充满欢声笑语。▲

2018 年 7 月 20 日，泰国鲁班工坊三期工程：“鲁班工坊铁院中心”在泰国大城技术学院揭牌成立，这是中国在海外设立的第一个高铁类技术技能培训基地。泰国鲁班工坊完成“一坊两中心”建设，工坊总面积达到 2000 平方米，开设国际专业 6 个。▶

2018 年 9 月 16 日，天津铁道职业技术学院教务处、动力系、电信系三名专业主任赴泰国，与泰国大城技术学院和泰国铁路公司对接，进一步完善课程标准和人才培养方案。左图为中泰两国的专业教师共同开发制定人才培养计划。◀

英国鲁班工坊体验区

英国鲁班工坊是中国中等职业院校建立的第一个境外鲁班工坊，是天津市第二商业学校（天津市烹饪技术学校）与英国奇切斯特学院共同建立的职业教育合作项目。该工坊主要通过开展中餐烹饪学历教育和技能资格证书认证，提高海外中国餐饮服务行业的水准，传播天津及中国历史悠久的中餐烹饪技艺和饮食文化，打造高端的中国餐饮品牌和中餐教育培训体系。由学校开发的中餐烹饪国际化教学标准与资源，经 Qualifi 核准纳入英格兰国家普通和职业学历框架，定名为英国中餐烹饪艺术（鲁班）三级学历，编号为（RQF - qual ref）603/3164/1。▲

鲁班工坊是建立在相互认同的基础之上的，2016 年 12 月 14 日，天津市教育委员会领导会见英国奇切斯特学院、英国超卓顾问公司一行，双方达成“五认同”——认同中国、认同中国文化、认同天津、认同天津职业教育、认同鲁班工坊。▶

国际化的专业教学标准是鲁班工坊发展的基石。2017 年 3 月 10 日，英国鲁班工坊专家论证会在天津市第二商业学校进行。以“国家元老级注册烹饪大师”白庆华为首的专家们各抒己见，针对中餐烹饪教学标准与资源展开讨论，同时对中国饮食礼仪文化、盘饰及冷菜制作、热菜制作、面点制作、津派面塑 5 个模块的教学资源开发进行了严格论证。图为与会 5 位著名的国家级烹饪大师（左三起）——张学文、刘国利、白庆华、张景双、王文汉。▲

天津市第二商业学校与英国奇切斯特学院定期召开视频会议，就英国鲁班工坊建设进程、中餐烹饪专业课程开发、中英双方师生互动交流、空中课堂等具体项目进行沟通，落实英国鲁班工坊实训基地建设，推进中餐烹饪教学标准化、国际化的实施。▼

2017 年 8 月，英国专家代表团 Qualifi 首席运营官 Ray Brogden 一行对天津市第二商业学校教学管理、烹饪专业教学资质等方面进行了严格而详细的考察评估，最终确定符合英国的教学质量体系标准并颁发资质证书。天津市第二商业学校成为 Qualifi 在中国首个授权的 2 ~ 8 级学历教育教学中心，英国鲁班工坊合作项目获英国国家学历资质认证。◀

2017 年 11 月 13 日至 22 日，在天津市第二商业学校，并应用多媒体技术，中方对英方教师进行了培训，培训内容包括中国饮食礼仪文化、盘饰及冷菜制作、热菜制作、面点制作、津派面塑 5 个模块，理论教学与实训操作结合。右图为经过培训的英国教师 Samantha Carey 已经初步掌握了中餐烹饪的基本要领。▶

印度鲁班工坊体验区

印度鲁班工坊是中国首个在应用型大学建立并分享 4 个国际化专业标准的境外鲁班工坊，由天津轻工职业技术学院、天津机电职业技术学院、印度金奈理工学院同中国企业共同建设，支持中国企业和产品“走出去”。印度鲁班工坊坐落于印度金奈理工学院，占地 1200 平方米。目前印度鲁班工坊已培养印度在校大学生 200 余人，培训新能源企业员工和数控维修岗位员工共计 100 余人。▲

鲁班工坊的建设需要高水平的师资。2016 年 11 ~ 12 月，首批印度专业骨干教师在天津进行了 EPIP 师资研修，校企共同制定培训方案，理论学习、实践实训、企业实地考察相结合，师资团队全程双语教学，取得了良好的培训效果。为保障印度鲁班工坊顺利启运，又先后开展了设备调试培训、揭牌运营前检修培训等多次师资培训。▶

经过中国教师的努力，鲁班工坊印度师生的实践动手能力得到显著提升，在企业进行技术培训、产品设计与研发过程中获得了企业认可。自 2017 年 12 月揭牌启运以来，印度鲁班工坊已培训印度金奈地区在校大学生 200 多名，并对 25 名新能源岗位和 75 名数控维修岗位的在职员工进行了培训，培训项目得到了印度中央政府（AICTE）的资金补贴。▲

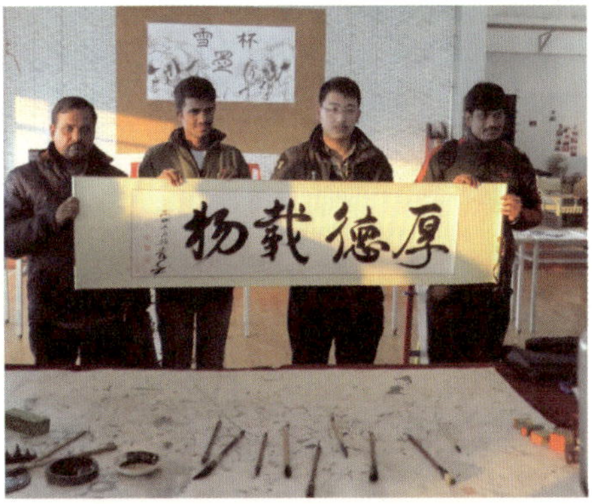

印度鲁班工坊项目有力地促进中印两国的文化交流，在天津培训期间，印度教师参观全国职业院校技能大赛博物馆、天津职业技能公共实训中心，了解天津作为国家现代职业教育改革创新示范区的建设成果的同时，还学习了中国书法，游览了古文化街，体验了中国的传统文化和地方民俗。上图为印度培训教师体验中国书法。▲

2018 年 5 月 7 日，印度金奈理工学院司丽拉校长参加了在天津举办的 2018 年职业教育国际研讨会，与天津轻工职业技术学院、中国中材国际工程股份有限公司（印度子公司）作为鲁班工坊的代表，就职业教育国际合作的经验、问题与建议与参会代表展开了交流，反响强烈。上图为鲁班工坊代表参加 2018 年职业教育国际研讨会。▲

印度尼西亚鲁班工坊体验区

印度尼西亚鲁班工坊是第一个在21世纪海上丝绸之路首倡之地建设的“鲁班工坊”，是天津市东丽区职业教育中心学校与印度尼西亚东爪哇省波诺罗戈第二职业学校共建的一个“鲁班工坊”。印度尼西亚鲁班工坊以汽车维修技术为主线，分为汽车维修应用智能、新能源汽车、工程实践创新、无人机技术等4个教学区。该工坊将致力于中国－印度尼西亚产能输出、人文交流、师资培训、技能竞赛、学历进修、国际化专业教学标准开发等方面需求，更好地服务“一带一路”倡议。▲

2016年11月，天津市教委狄建明处长、东丽区职业教育中心学校李鑫书记应印度尼西亚东爪哇省教育局的邀请，赴印度尼西亚东爪哇省进行学访和考察。李鑫书记就“鲁班工坊”的建设内容、建设周期、建设效果、双方投入等诸多问题进行了交流，双方签订了“鲁班工坊”合作协议。◀

2018 年 4 月 28 日至 5 月 7 日，波诺罗戈第二职业学校师生，在东丽区职业教育中心学校参加了工程实践创新项目技能培训，并参加了“启程杯”首届 EPIP 国际邀请赛，取得了优异成绩。▶

2018 年 5 月，在天津市东丽区职业教育中心学校将举办中国天津－印度尼西亚东爪哇职业教育发展研究中心揭牌仪式。通过“五方联手”，搭建合作办学、交流互访、国际技能竞赛、国际化升学立交、输出特色专业与服务五大平台，为中国－印度尼西亚职业教育发展建立新模式。◀

2018 年 5 月，波诺罗戈第二职业学校师生在天津市东丽区职业教育中心学校参加了汽车维修技术培训，并参加了 2018 年全国职业院校技能大赛中职组汽车运用与维修技能大赛车轮定位和汽车基本技能赛项。▶

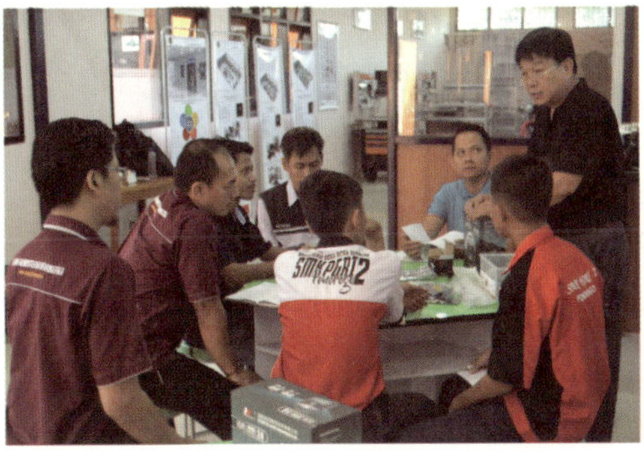

2018 年 7 月，天津市东丽区职业教育中心学校先后有 3 名骨干教师与企业技术工程师到波诺罗戈第二职业学校，为鲁班工坊设备进行安装、调试，并为印度尼西亚教师培训设备使用、注意事项，为双方今后开展互动教学、师资培训等活动奠定基础。◀

巴基斯坦鲁班工坊体验区

巴基斯坦鲁班工坊是建设在“中巴经济走廊”上的鲁班工坊，由天津现代职业技术学院和巴基斯坦旁遮普省技术教育与职业培训局（TEVTA）合作共建，是中巴两国政府在职业教育领域的一次深度合作，充分体现了两国作为“全天候、全方位的战略合作伙伴”关系。巴基斯坦鲁班工坊坐落于旁遮普省技术教育与职业培训局（TEVTA）总部院内，一期占地约 560 平方米，设立彼此独立又相邻的专业教学实训区和专业汉语培训区两个教学区域，重点建设电气自动化技术和机电一体化技术两个国际化专业。▲

巴基斯坦鲁班工坊获得了中国驻拉合尔总领事馆高度肯定。总领事龙定斌表示会对巴基斯坦鲁班工坊项目大力支持和持续关注，希望该项目能成为天津与旁遮普省合作的示范项目。◀

成立产教协同育人联盟服务中巴经济走廊发展。天津现代职业技术学院、TEVTA代表巴基斯坦鲁班工坊与巴基斯坦海尔－鲁巴经济区、中国能源建设集团湖南火电巴基斯坦分公司、巴基斯坦汽车零部件和制造商协会等 8 家中资和当地著名大型企业签订了产教协同育人战略合作协议，在当地成立了第一个产教联盟单位，即巴基斯坦鲁班工坊——产教协同育人联盟。◀

为了提升巴基斯坦鲁班工坊师资力量，旁遮普省技术教育与职业培训（TEVTA）从旗下 400 余所院校中遴选出 5 名硕士学历巴基斯坦名校毕业的教师，参加天津现代职业技术学院举办的为期 5 周的巴基斯坦鲁班工坊 EPIP 师资研修班。▶

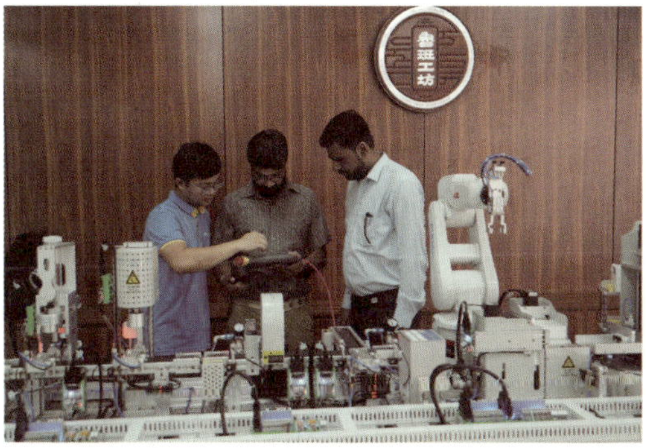

巴基斯坦鲁班工坊采用天津职业院校开发的《工程实践创新项目教程》国际化双语教材，并根据巴基斯坦旁遮普省技术教育与职业培训局现有专业水平和教学特点，由中巴两国的专业教师共同开发教学项目、编写双语教材并组织实施教学。◀

以巴基斯坦鲁班工坊为平台，巴基斯坦旁遮普省技术教育与职业培训局（TEVTA）借助政府的职能优势，统筹规划全省 401 所职业学院、培训院校及机构中心的教育资源，开展全方位职业技能培训和专业学历教育的国际合作，为巴基斯坦青年学生和人民增长技术技能及巴基斯坦社会经济发展做出贡献。▶

2013 年秋天，我在哈萨克斯坦和印度尼西亚提出共建丝绸之路经济带和21 世纪海上丝绸之路，即“一带一路”倡议。“桃李不言，下自成蹊。”

无论相隔多远，只要我们勇敢迈出第一步，坚持相向而行，就能走出一条相遇相知、共同发展之路，走向幸福安宁和谐美好的远方。

——习近平在“一带一路”国际合作高峰论坛开幕式上的演讲，2017 年 5 月 14 日

In the autumn of 2013, respectively in Kazakhstan and Indonesia, I proposed the building of the Silk Road Economic Belt and the 21st Century Maritime Silk Road, which I call the Belt and Road Initiative. As a Chinese saying goes, "Peaches and plums do not speak, but they are so attractive that a path is formed below the trees."

Geographical distance is not insurmountable. If we take the first courageous step towards each other, we can embark on a path leading to friendship, shared development, peace, harmony and a better future.

—Xi Jinping's speech at the opening ceremony of the Belt and Road Summit for International Cooperation, May 14, 2017